プロリーグとスポーツイベントで学ぶ

スポーツマネジメント入門

西野 努 著

はじめに

　産業能率大学は、マネジメントを教える大学です。

　マネジメントを日本語訳しようとしても、しっくり来る訳がなかなか見つかりませんが、「なんとかやりくりする」という言葉が近いと思います。

　スポーツの世界で"なんとかやりくりしていく"事例を通じて、マネジメントとはなんたるかを伝えることが、私の講義コンセプトです。

　プロスポーツの経営も、普通の会社の経営となんら変わることはありません。ただ、扱う商品が、勝ち負けのある試合ということから、様々な不確定要素を抱え、少々複雑さが増しているとは言えます。

　一方で、会社として当たり前にやらなければならないことがなされておらず、スポーツの世界だからかも知れませんが、結果的に経営的に苦しんでいる組織がある事も事実です。

　スポーツ組織のマネジメントは、様々な立場でのものがあります。

　サッカーチームの監督であれば、チームのマネジメントはリーダーシップやモチベーションというキーワードが大切になってきます。

　キャリアというキーワードでは、選手のキャリアだけではなく、スポーツ界で働く人々やそこを目指す学生達にとっても非常に重要となってきます。

　会社の社長という立場では、それこそ、お金・モノ（サービスや商品）・人の扱いが重要になってきます。

　このように観ていくと、マネジメントは、スポーツ界でも共通であり、非常に重要な知識でありスキルであると言えます。

　この本では、私が大学でスポーツビジネスとマネジメントを学ぶ上で必要であると考える知識をベースに、大学の講義で利用しているスライドを書籍にまとめたものです。

・ i ・

カバーする範囲は、経営者としての視点から、監督・コーチ、そして選手やスポーツ界で働く人々まで、幅広くなっています。

　基本的に大学での授業で活用するテキストという主旨で記しましたが、スポーツビジネスに興味のある社会人の方々にも興味深く読んでいただけると思います。

目　次

はじめに ……………………………………………………………………… i

第1章　スポーツマネジメント(総論) 　*1*

　1　スポーツとは何か ………………………………………………… *2*

　2　スポーツ産業とスポーツビジネス ……………………………… *6*

　3　スポーツマネジメントとは ……………………………………… *11*

　4　対象によって変化するマネジメント …………………………… *17*

第2章　チームの経営戦略 　*33*

　1　組織の理念とビジョン …………………………………………… *34*

　2　スポーツ組織の理念とビジョン ………………………………… *36*

　3　理念・ビジョンと経営戦略 ……………………………………… *40*

第3章　スポーツ組織におけるリーダーシップ 　*57*

　1　リーダーシップの定義 …………………………………………… *58*

　2　サッカーに見るリーダーシップのスタイル …………………… *60*

　3　リーダーシップの実践 …………………………………………… *67*

第4章　スポーツマーケティング 　*79*

マーケティングの定義とスポーツにおけるマーケティングについての解説

　1　マーケティングの定義 …………………………………………… *80*

　2　スポーツにおけるマーケティングとは ………………………… *82*

　3　スポーツビジネスにおけるマーケティング事例 ……………… *93*

　4　スポーツマーケティングの特徴 ………………………………… *97*

● iii ●

第5章　スタジアムビジネス　　105

1　スタジアムとは何か……………………………… 106

2　スポーツ施設建設のきっかけ…………………… 114

3　スポーツ施設の運営形態………………………… 119

4　スポーツ施設の収益構造………………………… 121

5　スタジアムの運営事例…………………………… 124

第6章　スポーツとキャリア　　131

1　スポーツ界におけるキャリア…………………… 132

2　セカンドキャリアとキャリア教育……………… 147

第7章　スポーツ文化　　161

1　遊び（余暇）がベースの欧州プロスポーツ……………… 162

2　エンターテイメント産業がベースのアメリカのプロスポーツ…167

3　学校・企業がベースの日本プロスポーツ………………… 171

4　日本文化としての大相撲………………………… 179

第8章　オリンピックとFIFAワールドカップ　　185

1　アマチュアスポーツの祭典オリンピック……………… 186

2　1964年東京オリンピックを検証する……………… 193

3　サッカー世界一を決めるワールドカップ……………… 198

4　2002年日韓ワールドカップを検証する……………… 208

あとがき……………………………………………… 213

索　　引……………………………………………… 215

第1章
スポーツマネジメント（総論）

　日本では、「スポーツ」と「体育」が混同されてきた歴史があります。教育の一環としてスポーツに取り組んできたため、スポーツの本質を理解しないまま各競技に取り組み、発展させてきたとも言えるでしょう。つまり「スポーツ」と「体育」との比較は、日本でのスポーツの在り方と、欧米におけるそれとの違いを考える上で大きなヒントとなります。今や世界では、メディアの発達もあってオリンピックやFIFAワールドカップが大きなビジネスとして成長・発展し、経営やマネジメントという観点が必要不可欠となっています。この章では、マネジメントという言葉の定義とともに、スポーツにおけるマネジメントの必要性や現状を概説します。

① スポーツとは何か

（1）スポーツの定義

　「スポーツ」とは、多くの人々が日常的に耳にする言葉であり、人によっては毎日のように触れ合う馴染みあるものです。そこで、まずはスポーツマネジメントを学ぶにあたって、「スポーツ」という言葉の持つ本質的な意味について今一度考えておく必要があるでしょう。

　スポーツの語源をたどると、"気晴らし"や"余暇"などというキーワードが出てきます。したがってスポーツを広義にとらえると、チェスや将棋・囲碁などもスポーツの1つだと言えます。同様に、キャンプやトレッキング、登山などのアウトドアでのさまざまな遊びもスポーツであり、F1などのモータースポーツもその範疇に入ります。オリンピック種目として採用されている種目を概観してみるのも面白いかもしれません。

　しかし、本書はスポーツにおけるマネジメントを学ぶことを第1の目的としているので、その目的にしたがってスポーツを以下のように定義したいと思います。

> **スポーツの定義**
> - ●ルールが定められている
> - ●そのルールに基づいて勝敗が決せられる
> - ●する人・観る人・支える人により成り立つ

　この定義に基づくと、武道や相撲、プロレス、公営競技などもスポーツに含まれることになります。それぞれについて少し触れながら、日本のスポーツについて考えてみましょう。

　まず日本の武道ですが、これは非常に特殊な立ち位置にあります。日本古来の"人として心身ともに鍛える"ためのもの（武術）であり、勝敗や結果を問わ

●2●

ない"道"が「武道」だからです。もちろん、柔道がオリンピック競技となって久しいことからも分かるように、広義では武道もスポーツだと言えます。それでも剣道や合気道などは、勝敗そのものよりも自身を高めるための"修行"の要素が大きいと言えるでしょう。武道は、スポーツの何たるかを、違う角度から考えさせてくれるものだと言えます。

では、相撲はどうでしょうか。元々は神事であったとされる由来からして独特であり、他のスポーツと同列に並べるには無理があります。詳しくは7章で述べますが、「相撲はスポーツか?」という問いについては、是非とも考えてもらいたいと思います。

また、格闘技ということであればプロレスも広義のスポーツに含まれます。しかし、ルールがあり、競技者の勝利を求める姿勢と勝敗を決することがスポーツの定義にあるとすれば、ストーリーなどが存在するケースがあるプロレスはスポーツには含まれないことになるかもしれません。一方で、興行としては素晴らしく成功している分野でもあり、スポーツのマネジメントを学ぶ上では参考にしなければならない分野でもあります。

また、日本の公営競技も非常に特殊な立ち位置にあります。競馬以外の競輪・競艇・オートレースは第二次大戦後に日本で誕生し、公営ギャンブルとして法制化されて人気のスポーツとなってきました。スポーツ新聞などでは公営競技の情報がたくさん掲載され、競馬場や競艇場には多くの人が足を運んで楽しんでいるのが現実です。

このように、日本で言うスポーツとは、オリンピックやサッカーのワールドカップのようにその競技を極めるレベルから、おじいちゃん、おばあちゃんの日々のラジオ体操やウォーキングに至るまで、幅広いものです。また、その歴史的経緯によって"道"のつくものや、ギャンブルの対象となるものまで含まれるとすれば、非常に幅広いものとなります。

（2）体育とスポーツ

日本のスポーツの特殊性として学校や企業がベースとなってきたことが挙げられます。

19世紀後半、明治維新とともに外国からさまざまな文化がもたらされましたが、スポーツもそのうちの1つです。野球やサッカーをはじめとしたスポーツが外国人宣教師らによってもたらされ、徐々に競技人口を増やしていきました。

　その後、学校教育で身体を鍛える「体育」（当時は"身体教育"などと呼称されていた）が取り入れられたのが1876年とされています。いわゆる"富国強兵"の兵士育成策の一環として、強い日本人をつくる目的で学校教育に取り入れたものです。日本がアジアの諸外国と戦争を始めた時期（日清戦争が1894年）と関連があると考えてもよいでしょう。

　日本におけるスポーツの在り方を考える上で、この「体育」の存在を無視することはできません。運動会では、いまだに整列して足並みをそろえて入場行進するシーンが見られますが、どうしてあのような入場行進をしなくてはならないのか、不思議です。しかし、富国強兵の一環としての学校体育があって、その影響が軍事教練的なものとなって学校で採用されたのだと考えれば納得できます。

　海外では、そういう入場行進は見たことがありません。もちろんオリンピックでは入場行進がありますが、日本の入場行進のように整然としたものではありません。また、サッカーワールドカップは、開会式はありますが選手は参加しません。

　私は子供の頃にカブスカウト、ボーイスカウトに参加していましたが、その発祥はイギリスの軍隊教育の青少年版ですから、見事に夏休みの朝は行進の練習をしたものです。1列が2列になり、2列が4列になる。そして真っすぐ歩いて90度曲がるといった行進練習を、飽きるほど繰り返します。そこで規律を徹底して覚えさせるわけです。

　運動会の入場行進を見ていると、そんなことを思い出してしまいますが、日本の体育のルーツが軍事教練とつながっていると考えると、社会的な問題として認識され始めている学校の部活動現場における"しごき"や体罰の原因は何かを理解することもできます。さらに、先輩・後輩の関係性も、日本の文化としてまだまだ残っていますが、それも学校体育が軍事教練の延長だったという弊害なのかもしれません。

　体育を英語で表現すると「Physical Education」です。一方、「Sports」という

英語には「a man of good sport ＝優しい人」という表現があります。これだけの差がある「体育」と「スポーツ」を混同してきたために、日本ではさまざまな問題が生じてきたと言えます。

　ただし、体育のもたらしたものには多くのメリットも当然あります。例えば、学校教育の中で体育として各種競技を取り入れてきたため、日本人はとりあえず多種多様の競技種目を経験することができます。体操や水泳、陸上、ボール競技など、ひと通り接する機会がある。これは子供たちがさまざまなスポーツと触れ合う貴重な機会であり、他の国々では考えられないことなのです。

　その一方で、学校体育の延長として競技スポーツに取り組むがゆえに、我慢することの美徳が過剰に重視されたり、身体や精神を傷めつけたりすることが自己鍛錬だという間違ったとらえ方がされているケースもあります。その結果として、行き過ぎた指導が行われていることも事実です。

　近年ではプロの指導者が増え、スポーツに関する科学的な研究や手法が取り入れられることによって、理不尽な我慢や忍耐を強いるケースは徐々に減っています。もちろん人間も生物ですから、負荷をかけ、それに耐えることで心身ともに強くなることは事実です。しかし、スポーツに関係のない我慢や忍耐を年長者や指導者が強いることは、厳に慎まなければなりません。

　一方、「スポーツ」には青少年の健全な教育・育成において果たす役割がたくさんあります。

　19世紀のイギリスでは、エリートを教育する全寮制のパブリックスクールにおいて、教育上大きな役割を果たすとして、サッカーの原型であるフットボールが取り入れられていました。組織における献身や協力、リーダーシップなど、フットボールを通じて身につけることのできるものは多いという考えです。

　時代を超えて、今でもその価値は変わることはありません。

　●スポーツは本来"遊ぶ"ものである。
　●スポーツは教育においても価値がある。

　この2点をしっかりと踏まえて、日本における体育とスポーツの関係を考えたいところです。

② スポーツ産業と
スポーツビジネス

（1） スポーツ産業の3分類

　次は、スポーツ産業という言葉についても理解しておきましょう。産業とは何かを生み出す業ですから、サービスや商品の商いが行われることが前提となっています。

　それを踏まえると、「スポーツビジネス」とは「スポーツの世界で行われる何らかの商い」であり、それには本当に多種多様なビジネスがあります。

　その「スポーツビジネスを1つに束ねた産業」が「スポーツ産業」と定義されるものです（図表1-1）。ここで、「職業」「ビジネス（事業）」「産業」という言葉の違いも明確にしておいたほうがよいでしょう。

　職業とは、プロサッカー選手だったり新聞記者だったりカメラマンだったりという、人のなりわいです。

　ビジネスとは、商いです。買い手と売り手がいて、金銭とサービス（商品）のやり取りがなされれば、それがビジネスになります。

図表 1-1　スポーツ産業・ビジネス・職業

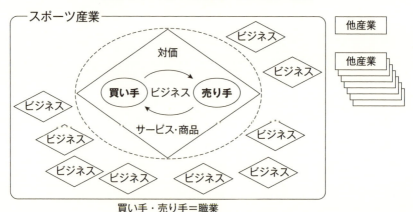

産業は、同じ種類のサービス（商品）がやり取りされるビジネスを1つに束ねたものです。つまり、スポーツにまつわるサービス（商品）がやり取りされるビジネスを束ねると、それが「スポーツ産業」になるということです。

この、スポーツ産業を大まかに分類したものが図表1-2です。

例えば「スポーツ産業と言えば何？」と聞くと、多くの人がプロスポーツの世界やスポーツメーカーなどを挙げます。それは、多くの人々がメディアや日常の生活で接している世界だからでしょう。

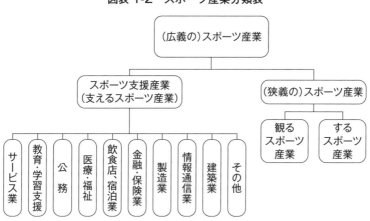

図表 1-2　スポーツ産業分類表

出典：『スポーツBizガイドブック '08 − '09』（日経BP企画）より引用

図表 1-3　プロスポーツの立ち位置

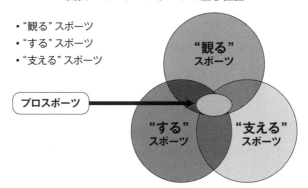

しかし、実際のスポーツ産業は非常に多くの組織や人が関わって成り立っています。プロスポーツの興行運営1つをとっても、リーグの運営関係者やメディア、広告、スポンサー、果ては行政関係者まで、リストアップすればキリがないほどの組織や人々（ステークホルダー）が関わって構成されています。

分類表にある「観る」「する」「支える」という3つに大別されたスポーツ産業の立ち位置を示したのが図表1-3です。それぞれの内容は以下のとおりです。

"観る"スポーツ

スポーツをスタジアムやテレビで観ることによってお金を払い、そのお金によってスポーツが運営されます。いわゆるプロスポーツの興行で行われる商い（ビジネス）の集積が、観るスポーツに分類されます。

例）●プロ野球のチケットを購入して観戦する⇔プロ野球球団運営会社のビジネス
　　●有料衛星放送に加入して海外サッカーをテレビで観る⇔衛星放送会社のビジネス

"する"スポーツ

スポーツを自らが行うことで消費に関与します。スポーツする人々のためにサービスや商品を提供するといったビジネスの集積が当てはまります。

例）●ジョギングをするためにウエアやシューズを購入⇔スポーツメーカー、小売店
　　●スポーツジムで定期的に水泳やエアロビクスをする⇔スポーツクラブ運営事業者
　　●テニスを週に1回スクールで習う⇔テニススクール運営事業者

"支える"スポーツ

この分野は、スポーツを支えることでビジネスが成り立ちます。そのサービス提供者と受益者の種類は多岐にわたります。

● 8 ●

第1章 スポーツマネジメント（総論）

例）●オリンピックやワールドカップのスポンサー企業⇔オリンピック運営
　　　組織
　　●スポーツ新聞の購入⇔メディア企業
　　●グッズの購入⇔グッズ製造・販売企業
　　●観戦ツアーに参加⇔スポーツツーリズム企業

（2）スポーツビジネスの特徴（一般のビジネスとの相違）

　スポーツ産業とスポーツビジネスには、それ以外の産業やビジネスの世界とは大きな違いがあります。

　まず、提供するものが無形のサービスであるということ。「するスポーツ」の一部を除けば、そのプロダクトは無形であり、手にすることができません。加えて、勝敗という結果が、プロダクトの質を上げもすれば下げもする。したがって、そのクオリティコントロール（品質管理）が極めて難しいビジネスだと言えます。

　スポーツビジネスにおけるプロダクトの特徴を簡単にまとめたのが、以下の3つです。

プロダクトの無形性

　主な商品が試合というイベントであり、その開催場所における消費者の経験自体がプロダクトとなります。言葉を変えると、同じイベントなのですが、観る人によってさまざまな受け取り方があります。無形だけではなく、主観性が強いことも特徴の1つです。

プロダクトの一過性

　言うまでもなく、イベントなので終われば商品もなくなります。いわゆる消費者の思い出として残るのみです。したがって、感動という形で残ることもあれば、逆に期待を裏切る形で残ることもあります。

● 9 ●

プロダクトの不安定性

　スポーツビジネスの最も大きな魅力は、予想を裏切る感動です。裏を返せば、予想を裏切る失望ということも十分あり得えます。それが、アスリートたちのパフォーマンスであったり、天候や飲食、会場へのアクセスだったりもします。そうしたさまざまな要素が合わさって1つの経験として消費されるので、よくも悪くも振れ幅が大きいのです。

　音楽ビジネスや演劇などのエンタテインメントビジネスに比べると、このプロダクトの不安定性は決定的に大きな違いだと言えます。

コラム　〜GHQの愚民政策「3つのS」〜

　戦後、日本のスポーツ界はさまざまなマイルストーンをたどってきました。その上で、スポーツは国民に愛され浸透していったのです。

- ●プロ野球の戦後間もなくの再開
- ●国民体育大会の開催
- ●東京オリンピック開催 (1964年)
- ●テレビの普及
- ●プロレス (力道山)・大相撲 (大鵬)・プロ野球 ("ON" 王・長島) などの人気スポーツコンテンツの出現

　ところが一方で、戦後GHQが素早くプロ野球を再開し、各種スポーツを楽しむ機会を日本国民に提供したのは、占領軍による日本に対する愚民政策だという見方もされています。

　"Sports (スポーツ)" "Screen (映画)" "Sex (性・娯楽産業)" という3つのSによって、戦後の荒廃と貧しい生活に対する日本国民の不満を、少しでもそらすことが目的だったのです。

第1章　スポーツマネジメント（総論）

スポーツマネジメントとは

（1）スポーツにおいてマネジメントが必要な理由と経緯

　マネジメントという言葉の定義は難しい。今や「○○マネジメント」という言葉を挙げればキリがないほどです。一方で、「マネジメント」と「管理」という言葉との違いも曖昧です。
　そこで、ここでは「マネジメント」という言葉を以下のように定義します。

「マネジメント＝人・モノ・カネ・情報・時間というリソースを駆使し、組織として成果を上げていくための方法論」
　言いかえると "Getting Thing Done through others" となります。

　日本の"スポーツ界"（つまり体育会）では、各種"競技スポーツ"（ここではあえてスポーツと表現）を楽しむのにお金を払う必要がありませんでした。それはスポーツがアマチュアのものであり、"企業スポーツ""学生スポーツ"が日本の"スポーツ"だったからです。
　かつてプロスポーツとしてのサッカーが世界で最も早く誕生したイングランドでも、スポーツはアマチュアであるべきという、いわゆるアマチュアリズムが根強く、スポーツで生計を立てるのは恥ずべきことだという考え方が主流でした（7章で詳述）。
　日本では、早くから職業野球という言葉でプロ野球選手が誕生し、活躍していました。しかし、プロリーグや球団の運営については、企業スポーツの域を超えるものではなかったと言えます。なぜなら球団経営は赤字でも、親企業によって補填されます。つまり、独立採算という普通の企業経営がなされていなかったからであり、その流れは今でも一部続いています。
　一方、世界ではスポーツにまつわるお金の動きが大きくなり（マーケットの拡大）、それに伴い、そのお金をいつどのように使うかという課題が生じてき

ました。以下に挙げるような、社会背景やスポーツ環境のさまざまな変化により、関係するお金・人・情報・時間が多様化・複雑化します。そのため、継続的に進歩・発展していくためにはマネジメントという概念が必要不可欠となってきたのです。

● メディア（テレビ）の急速な普及（1960 年代以降）
● 衛星放送の発展
● FIFA の世界戦略
● オリンピック開催運営のビジネス化（1984 年ロサンゼルスオリンピック以降）
● オリンピックにおけるプロアスリートの参加容認（1982 年）
● J リーグの開幕（1993 年）
● 世界におけるスタジアム災害（ヒルズボロの悲劇（注 1）など）
● ボスマン判決（注 2）によるプロサッカー選手の国際移籍にまつわるルール変更

　時間軸を用いてマネジメントと管理の違いを説明するならば、管理は今までに起こった事実や現在起こっていることについて、整理したり記録したりすることです。一方、マネジメントは、これから起こるであろうことについて、予測を踏まえながら不確定な要素を含めて決断し、その決断をもとに実践・実行し、成果に結びつけていくことです（図表 1-4）。

注 1　1989 年 4 月 15 日、イングランドのシェフィールドにあるヒルズボロ・スタジアムで開催された FA カップ準決勝で起きた歴史的な大事故。テラス席と呼ばれるゴール裏立ち見席に収容人員以上のファンが押し寄せ、96 人が死亡、重軽傷者 766 人を出した。この後、英国政府の介入によってプレミアリーグのスタジアムはすべて着席（立ち見席が廃止）となった。

注 2　ジャン＝マーク・ボスマンというベルギーリーグの選手が、契約満了後も移籍金を求めるクラブと、それを認めていた UEFA（ヨーロッパサッカー連盟）を訴え、欧州司法裁判所が 1995 年 12 月に出した判決。これにより、その後 EU 域内では移籍が自由（外国籍枠が適用されない）となり、契約満了後の移籍金も廃止された。結果的に契約期間が長期化され、契約期間中の移籍に対しては違約金という名目で実質的な移籍金が支払われている。日本人選手の海外移籍に際して移籍金が発生しないという、日本のクラブにとってのデメリットも生じている。

第1章 スポーツマネジメント（総論）

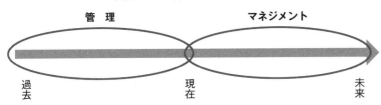

図表 1-4 管理とマネジメント

出典：『スポーツに学ぶチームマネジメント2』（産業能率大学）

　スポーツ組織は、売上規模や会社の規模としては世間一般で言う中小企業の域にあります。しかし、メディアへの露出や注目度、社会に与える影響を考えると、大企業並みのインパクトがあるでしょう。しかも、地域において行政とも密接に絡んでいる関係上、スキャンダルや不祥事に対する社会的な影響も大きいものがあります。

　スポーツビジネスの難しさはこういった点にもあり、ただ管理するだけではなく、さまざまな不確定要素が絡み合う中での決断と前進、つまりマネジメントが求められます。

(2) プレーヤーマネジメントとセルフマネジメント

　スポーツにおけるマネジメントで重要なのは、トッププレーヤーを現場でどのようにマネジメントするかです。プレーヤーは組織にとって人材リソースであり、商品の一部でもあるからです。

　前項でも述べましたが、スポーツマネジメントのリソースは「人・モノ・カネ・情報・時間」です。それらを駆使して成果を上げていくのが、監督やコーチなどのチームスタッフやクラブや外部のスタッフによる「プレーヤーマネジメント」です。ただし、人（プレーヤー）のマネジメントに関しては、自分自身による「セルフマネジメント」も重要です。

　それぞれのリソースごとに説明していきます。

①人（プレーヤー）の「プレーヤーマネジメント」

　プレーヤー自身の報酬が大きくなりメディアの扱いも大きくなると、アス

リートとして競技生活に専念するために専門家やスタッフを雇い、各業務については、その専門家へ任せるのが通例です。移籍や契約の交渉についてはエージェント（いわゆる代理人。2015シーズンより仲介人と表現する）が、メディア関連についてはマネジメント事務所が、代理として業務を遂行します（選手自身もしくは所属クラブ、球団が行う場合もあります）。

また、組織（チーム・球団）においては、組織のリーダーである監督がプレーヤーをマネジメントする立場となります。これについては後述します。

②人（プレーヤー）の「セルフマネジメント」

試合でのパフォーマンス分析や金銭・財産の管理、コンディショニング（体調管理を含む）についても、個人でトレーナーなどを雇うプレーヤーも、昨今では珍しくありません。メンタルトレーナーを雇うプレーヤーも増えていますが、これは心技体の中で最も重要とされる“心”を鍛えることが、パフォーマンスアップやキャリアを長く続けることにつながる要因となるからです。軽視されがちですが、非常に大切なスキルです。

引退後のキャリアを含むキャリアマネジメントについても、専門家とともに考え、さまざまなチャレンジをする選手も増えています。

もちろん、手数料や委託料を払ってプロを雇うのが理想ですが、それだけの余裕のない場合は、すべて自分でやらなければなりません。これに関しては、雇う側（クラブや球団、会社）がプレーヤーのキャリアについてもう少し知識と興味を持つことが望まれます。プレーパフォーマンスだけではなく、その後も組織のために活躍できる人材として見るべきであり、長い目で育成活用してほしいと考えるところです。

③モノの「プレーヤーマネジメント」

プレーヤーは、チームや球団にとっては人的資本であり、商品でもあります。そういう観点で、ピッチ上のパフォーマンスについては監督やコーチングスタッフ、プレーヤー自身も含めて、個々のコンディションやパフォーマンスをマネジメントしなければなりません。

ピッチ外においても、組織の商品として売上向上やPRに貢献してもらうと

第1章　スポーツマネジメント（総論）

同時に、そのリスク（危機）に関しても備えるといったマネジメントが必要になります。

　プロスポーツにおいては、個であるプレーヤーも、組織であるチームも、モノ（商品）であるという認識が必要です。

④カネの「プレーヤーマネジメント」

　トッププレーヤーには、プロであれアマチュアであれ、そのプレーや関連する活動に少なからぬお金（報酬）が発生します。選手自身がその報酬を管理するのは当然ですが、1人では無理な場合、外部の人間や関係する組織にその管理を委ねる方法もあります。

　選手にとってのリスクには、異性・金銭・ドラッグなど、一般の人間とは比べものにならないレベルのものがあります。カネについてもしっかりと管理されるべきであり、それが組織とプレーヤーを守ることにもつながります。

⑤情報のマネジメント（プレーヤーマネジメント）

　トッププレーヤーにまつわる情報には、パフォーマンスに関するものもあります。ビッグデータの集積と解析に必要な環境（ハード・ソフトとも）が整い、日々進化している中、選手のパフォーマンスが数値化され、メディアでも露出が増えています。このような情報をどのように活用していくかという観点が、組織にとってもプレーヤー個人にとっても大事な要素となってきています。

⑥時間のマネジメント（プレーヤーマネジメント）

　プレーヤーにとっての時間軸とは、キャリアです。現役の時間をどのように過ごし、いつか来る引退の瞬間をどのように迎え、その後のキャリア（セカンドキャリア）をどう選択して進んで行くのか。プレーヤー本人にとっては、人生をどう過ごすかという重大な問題です。

　また、トップレベルで大活躍した元プレーヤーが引退後にどのような形でスポーツ界に関わって貢献できるのか。さらにはセカンドキャリアでどのように輝けるのか。そういった課題が、そのスポーツ界の将来にも大きく関係してきます。

● 15 ●

サッカー界も、ひと昔前まではチームのマネージャーがプレーヤー個人のメディア出演やスポンサー契約の事務的な手続きを代行していました。しかしJリーグができて、選手はプロとして自分の将来を自分で決めなければならない個人事業主になりました。つまり、チームがマネジメントする領域と、プレーヤー個人がマネジメントする領域が分かれてきています。

　また、チーム間移籍や国際移籍も珍しくはない昨今では、自分のプレー環境をどのようにつくり守っていくか、プレーヤー個人も主体的かつ積極的に関わっていく必要が生じています。もちろん、引退後の進路（キャリア）についても同様です。

第1章 スポーツマネジメント（総論）

対象によって変化するマネジメント

(1) チームマネジメント

　プロスポーツチームを例にすると、監督をリーダーとする組織としてチームをとらえ、そこに関わるスタッフや選手をマネジメントしていくのがチームマネジメントです。これはスポーツの世界に限らず、一般社会でも通用する重要なマネジメントです（図表1-5）。

図表1-5　チームマネジメント

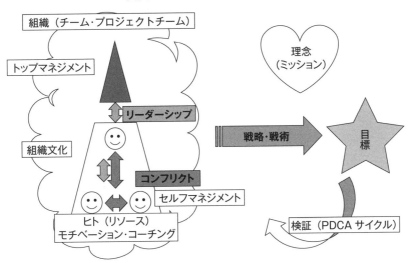

出典：『スポーツに学ぶチームマネジメント2』（産業能率大学）

　ここで大事なのは、「人・モノ・カネ・情報・時間」という各リソースのバランスを取りながら駆使し、組織としていかにパフォーマンスをアップしていくかということです。プロのチームは、個性あふれる、いわばわがまま有能タレント集団ですから、これを1つにまとめ上げて同じ方向へ引っ張っていくの

は特に難易度が高いかもしれません。

　それを可能にするために必要になるのが、次の３つです。いずれも詳しくは３章に譲り、ここでは概略だけ述べておきます。

　①リーダーシップ（ミッション、ビジョン）
　②組織文化
　③コンフリクト

①リーダーシップ

　組織でパフォーマンスをアップし、成果を出していくために最も重要な要素となります。リーダーシップとは、リーダーとフォロワー間に生じる関係性のことであり、リーダーの信念や方向性に共鳴し、喜んでついて行くフォロワーが存在してはじめてリーダーシップが存在すると表現できます。

　リーダーの役割としては、組織の存在理由を明確にし（ミッション）、ついて行く先にどのような素晴らしい将来が待っているかを具体的に見せ（ビジョン）、そして、適切な目標設定（成果設定）を行い、目標へ到達するために組織内でのルールを明確にし、よき組織文化を醸成することが挙げられます。

②組織文化

　いつしかメンバー間で共有されるに至った、伝統・風習・ものの考え方や感じ方・価値観・暗黙の行動規範などのことです。目に見えるものと見えないものがありますが、その組織に漂う空気、“チームらしさ”と言うこともできるでしょう。

　一例を挙げます。

　2014年、J2で戦っていた湘南ベルマーレは、曺貴裁監督のもと記録的な勝ち点とスピードでJ1昇格を決めました。曺監督が実践したサッカーのスタイル“湘南スタイル”は、「前へ」「縦へ」というサッカーであり、それを選手たちに浸透させ、チームの戦い方として定着させたことが大きな要因でした。どんなプレーが賞賛され、どんなプレーは改善を求められるのか、リーダーとして選手やスタッフたちに共通の指針として伝え続けていたということなのです。

第1章　スポーツマネジメント（総論）

　この"湘南スタイル"が、観ている人たちに伝わり、他チームとの大きな違いとして認識され、選手やスタッフ個々のアイデンティティとして落とし込まれてきています。これこそが、組織文化だと言える典型的なものです。

③コンフリクト

　複数の人間が集まれば当然さまざまな感情が混在するので、協力することもあれば問題が起こることもあります。利害が衝突する、あるいは持っている情報量や権限の違いからも衝突は起こり得ます。これをコンフリクト（葛藤／衝突）と言います。

　リチャード・L・ダフトは、コンフリクトを次のように定義しています。

　「多様な意見や価値観を持ち、異なる目的を追求し、組織内の情報や経営資源へのアクセスもそれぞれ異なる人同士が近づくことで相互作用を及ぼしたときにもたらされる、自然で避けることのできない結果（対立、軋轢）」

　ここで着目しておきたいのは、コンフリクトは組織に悪影響を与えるマイナス面があると同時に、変革へのきっかけにもなり得るプラス面もあるということです。

　マイナス面としては、不快感や非効率なコミュニケーションの増加、情報が正しく伝達されないといったことが挙げられます。プラス面としては、競い合うことで意欲が高まったり、嫌でも意見交換をすることで相手への理解を深めたりすることができます。さらに、そういう過程を経ざるを得ないことで、当初のアイデアを発展させたり、新たな視点を得たり、本質的な問題を発見したりできることが挙げられるでしょう（図表1-6）。

　また、日々移り変わる選手個々のモチベーションについても把握し、組織内で起こる衝突についても適切な処置をしなければ、組織の崩壊につながります。

　このように、チームのマネジメントは、複雑で絡み合った糸（事情）を解きほぐしていく作業だとも言えます。

図表 1-6　コンフリクトはエネルギーの塊

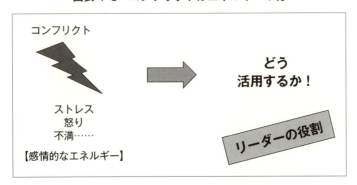

出典:『スポーツに学ぶチームマネジメント』(産業能率大学)

　チームマネジメントの一環として、サッカーアカデミーなどの、トップチーム以外の部門との連携や連動も求められます。したがって、トップチームの強化責任者がこの部門の責任者も兼ねるのが一般的です。
　また、アカデミーや普及活動については、組織のある地域とうまく協力し合っていくことが求められます。よい選手でチームを編成するためには、地域の有望な選手の情報が得られないとうまくいきません。地域からよい選手を発掘するには、その地域の指導者たちとの連携や情報共有も大事です。すなわち、クラブによるホームタウンマネジメント(次項で説明)とも緊密に連携することが重要になってきます。
　以下に挙げるのは、プロサッカーチームを例として、トップチームを支えるスタッフ、トップ以外の部門のスタッフの一覧です。

チームスタッフ

- ●監督
- ●アシスタントコーチ
- ●フィジカルコーチ
- ●GKコーチ
- ●トレーナー(アスレチック)
- ●トレーナー(マッサージャー)

第1章　スポーツマネジメント（総論）

- ●チームドクター
- ●用具係
- ●広報スタッフ（チーム付き）
- ●スカウト（新人選手・移籍選手獲得）
- ●戦術分析担当スタッフ

アカデミー（高校生〜小学生）

- ●アカデミー担当運営スタッフ
- ●アカデミーディレクター
- ●アカデミーコーチ
- ●アカデミーGK コーチ
- ●アカデミーフィジカルコーチ
- ●アカデミー専門スカウト

　チームは組織における商品であり、地域においてはシンボル的な存在です。そのチームの方向性を決めて資金を投じ、陣容を整える。あらゆる手段を尽くして商品であるチームを輝かせることが、チームマネジメントの醍醐味なのです。

　チームづくりのプロセスにおけるポイントは、次のようなものです。

「どんなトップチームをつくろうとしているのか？」

　それには、チームに求めるもの（商品としての価値）が明確でなければなりません（＝チームコンセプト）。

「そのために、どのような監督と契約するのか？」

　チームに求めるものを実現してくれる監督が必要であり、その監督はどのような経歴やスキルを持っている必要があるのか（必要要件）を明確にしなければなりません（＝チームマネジメント）。

「その監督とどのようなスタッフでコーチングチームをつくり上げるのか？」

　チームマネジメントスタッフをどのような人材と機能でつくり上げるのかを、監督とコミュニケーションを密に取って決め、編成する必要があります（＝

チームマネジメント）。

「**輝けるトップチームをつくるために、アカデミーのシステムをどのようにつくり、マネジメントしていくのか？**」

　チーム（組織）として求める選手像を明確にして要件をリストアップし、アカデミーが素材となり得る選手を地域からリクルートして育成する必要があります。また、そのために必要なハード（施設）やソフト（指導者や関連スタッフ）についても、明確に定義するべきです。

「**どれほどの財源がこのチームマネジメントに投入できるのか？**」

　チームやアカデミーに対する予算を単年度あるいは中長期でどうするか、組織の経営陣と熟慮し、適宜投入していく必要があります。

「**時間軸を考慮に入れて、どのような計画をつくって実践していくのか？**」

　時間軸としては、選手のキャリア、チームと組織の成長、地域におけるチーム（組織）の在り方などを考慮する必要があります。

（2）ビジネスマネジメント

　ビジネスマネジメントとは、スポーツビジネスのベースとなる、いわゆる普通の会社の経営と同様のマネジメントです。しかしながら、扱う商品がスポーツであるがゆえにかなりの難しさがあります。この点が、スポーツマネジメントの特異性だとも言えます。

　ビジネスマネジメントを構成する要素としては、以下の５つが挙げられます。

　　①ジェネラルマネジメント
　　　●経営方針策定
　　　●組織・人材マネジメント
　　　●チームとビジネスのバランス
　　②セールスマネジメント
　　　●チケットセールス
　　　●スポンサーシップセールス
　　　●マーチャンダイジング

③広報（メディア）マネジメント

④ホームタウンマネジメント

⑤その他

①ジェネラルマネジメント

　経営陣が執り行うものです。親企業（責任企業）が存在するのであれば、その意向や予算執行・人事の方針を受けて経営方針・経営計画を立案し、実行していかなければなりません。

　来期事業計画や３カ年事業計画、さらにそれ以上の中・長期の経営方針・経営計画を立案し、PDCAサイクルを回します。そうして、経営計画に基づいて組織をつくり、人材を配置していくことになります。

　組織については、フラットなものから事業部制、プロジェクトチームなど、さまざまな事業運営形態が存在します。また、どの程度を社内のリソースで賄い、どの程度を外部企業や外部人材を活用して進めていくのか。資金計画や組織の将来にも関わってくるため、重要な決断ともなるでしょう。

　人材についても、採用して配置してそれで終わりではなく、会社の将来を支えてもらうためにはどのように育成すべきかといった、長期的な視点が必ず必要となってきます。

　また、チームマネジメントとビジネスマネジメントのバランスを取ることも非常に重要です。金儲けだけをしていればよいわけではないのが、プロスポーツビジネスの特徴でもあります。一般企業であれば、決算で大きな黒字を出せば誰もが喜び、経営陣も拍手喝采されます。しかしプロスポーツの場合、黒字を出したところでチームのパフォーマンスが良くなければ、逆にサポーター（顧客）から叩かれてしまいます。お金を余らせるくらいなら、チームにさらに投資しろという意見が当たり前に出てくるものです。

　一方、チームへの投資が的外れになることも珍しくなく、名前のある元有名選手を高額な報酬で獲得したところで、日本というマーケットで活躍してくれるという保証はまったくありません。選手のパフォーマンスは、選手の才能や能力だけではなく、日本という国と文化に選手が馴染めるかどうか、チームに溶け込めるかどうか、私生活での心配事をなくしてプレーに専念できる環境づ

くりができるかどうかなど、さまざまな要素が絡み合ってきます。簡単に言えば、非常に難しく、リターンを計算しづらい投資と言えます。

この点では、スポーツの本質を理解している人間が、経営陣や親企業ともうまくコミュニケーションを図らなければなりません。ビジネスサイドの経営者も、スポーツのことを理解しようとする姿勢が少なくとも求められます。

プロスポーツの経営としては、この部分が一番センシティブで難しく、しかしながら面白いところだと言えるでしょう。

②セールスマネジメント

これは、会社としての売上増を図る部門が執り行います。

まず基本のチケッティングですが、スタジアムという限られたリソース（施設）でどのように売上げを最大化するのかが課題となります。日本では自前のスタジアムではないことが通常なので、施設に手を加えることは前提として考えられず、既存の枠組みでどこまで売上げを伸ばす仕組みをつくり、販売促進していけるかどうかが主な取り組みです。

招待席の枚数についても同様で、無料で招待した人々をどうすればチケットを買ってくれるお客さんへつなげることができるのか。ここは肝心なところですが、非常に難しい課題でもあります。

チケットの種類としては、以下のようなものが挙げられます。

●無料招待チケット
●先行販売チケット
●一般販売チケット（自由席／指定席）
●ペアチケット・ファミリーチケットなどのセットチケット
●シーズンチケット・ハーフシーズンチケット
●ビジネススイート（ケータリング・駐車券・スイートルーム付きチケット）

スタジアムが新しくなったり改装されたりする場合を除けば、既存のスタジアム施設で販売できるチケットは限られてきます。販売促進として、昨今はSNSを活用した広報活動が盛んになっており、一方でホームゲーム前に駅前

第1章　スポーツマネジメント（総論）

でチラシを配付するという地道な活動も継続されています。

　また、地域のメディア（新聞社・ケーブルテレビ局・ラジオ局など）と良好
な関係を構築し、露出の機会を増やすという企業努力をしている例もあります。
これは、メディアにとってもスポーツがありがたいコンテンツとなっているこ
ともあり、お互いに WIN‐WIN の関係を構築できていると言えます。

　スポンサーシップについては、以下の3種類があります（第2章で詳述）。

●広告宣伝型スポンサーシップ

　　企業がスポーツ組織へ投資する際、その金額に対しての露出効果や広
　告価値を見極め、狙いを持った広告宣伝戦略の1つとしているケース。
　効果や価値の測定は非常に難しいですが、金額換算だけではなく、マー
　ケットにおけるイメージや新人の採用に対しての効果という、目に見え
　ない効果や価値があります。

●社会貢献型スポンサーシップ

　　地域でビジネスを行う企業にとって、そのマーケットから上がってき
　た利益の一部を地域に還元するために、地域のスポーツ組織を活用する
　というケース。

●弱者救済型スポンサーシップ

　　地域で頑張っているスポーツ組織を応援したいという企業側の気持ち
　が、金額やさまざまな無料のサービスとなって、そのスポーツ組織へ与
　えられるケース。選手の生活回りのサービスを無料で提供する、あるい
　は少額ではあるが毎年スポンサーとなって資金提供を続けるというもの
　です。企業などからの、見返りなどは一切求めないスポンサーシップが
　これに当てはまります。

　マーチャンダイジングはグッズなどの企画開発並びに販売であり、ファン・
サポーターが応援を楽しむためのさまざまなグッズの販売が売上げの柱の1つ
になっています。こちらも、どんなタイミングでどんな商品を展開し、かつ在
庫のリスクをできるだけ少なくし、販売数をできるだけ多くするという、一見
矛盾する取り組みがなされています。1つひとつのグッズは利幅が小さく、手

間がかかるために、利益率や効率などがマネジメントとして求められます。

③広報マネジメント（メディア）

　スポーツ組織から情報を発信する際に、いつ、誰が、どんな情報を、誰に向けて、何を通じて発信するか。そのタイミングや内容によっては大きな反響を得る可能性があるので、目的と戦略を明確にして発信していかなければなりません。スポーツ組織にとっては非常に重要かつ肝心要となるマネジメントです。
　広報活動には、以下の3種類があります。

　　◎自発的広報活動
　　　スポーツ組織が自前のメディアやメディアリリースなどを使い、自発的に発信する方法
　　　　　●ホームページ
　　　　　● SNS
　　　　　●オフィシャルマッチデープログラム
　　　　　●オフィシャルメディア
　　　　　●メディアリリース
　　　　　●チラシ配布・ポスター配付
　　◎受け身的広報活動
　　　スポーツ組織が、各種メディアからの取材を受けて発信される方法
　　　　　●4大ナショナルメディア（新聞・雑誌・テレビ・ラジオ）
　　　　　●ローカルメディア（ケーブルテレビ・地域放送局等）
　　◎危機管理的広報活動
　　　情報を発信することも重要ですが、何かネガティブな事象が起こった際に、いかに迅速に対応できるかが大きなリスクマネジメントとなります。各種の事件やスキャンダルは、各メディアが大きく、大げさに取り上げる傾向があるため、迅速に事実関係を把握して最低限の情報を素早く開示するだけでも、その後のメディアのネガティブな取り扱いを減らす、もしくは消すことが可能となります。

第1章　スポーツマネジメント（総論）

④ホームタウンマネジメント

　今後は、その活動地域とうまく協力し合っていくことが、スポーツ組織には必ず求められてきます。したがって、地域の組織や行政、住民とどのように関係性を構築していくかが重要となります。

　主なステークホルダーとしては、以下のようなものが挙げられます。

　　　◎行政
　　　　　●政治家
　　　　　●行政の担当部署（スポーツ関連・施設関連）
　　　◎地域の企業等
　　　　　●ロータリークラブ
　　　　　●青年会議所
　　　　　●商工会議所
　　　　　●商店会
　　　　　●地域の建設業者
　　　◎地域のスポーツ（競技）関係者
　　　　　●各種協会幹部
　　　　　●名前のあるスポーツ指導者

　こうした地域の人々との関係性の構築には、手っ取り早い方策などはありません。face to face で、時間をかけて信頼関係を構築していくことが重要となります。

⑤その他（国際関係・スタジアムの指定管理など）

　今後を見据え、国際部的な部署を持つスポーツ組織も増えてきています。アジア各国のクラブやリーグと提携するという動きも増えてきています。また、スタジアムや練習施設というハードを指定管理者として運営するスポーツ組織もすでに存在し、今後はさらに増えてくるだろうと思われます（第5章で詳述）。

　ある程度、中・長期的なビジョンに関わってくるとは思いますが、そのよう

● 27 ●

な部門を持ち、1つの組織として成果へ向けて邁進していくためには、幅広い層の知見を集めなければなりません。そのためには、人材を獲得し、育成していくことが、クラブマネジメントにとって必要になってきます。

　これまでのスポーツ界は、その競技出身者が経営者や管理者を務めるケースがほとんどでした。そうでなければ、スポーツにまったく理解のない親企業から派遣されてくる人物が経営を担っている。それが実態です。

　しかし一方で、スポーツ組織を取り巻く環境は、真の経営を求めています。さらに、スポーツに対する愛情や理解が、経営にも求められています。また、スタジアムの管理や国際関係の構築なども、今後は必須の機能となるでしょう。これからは、ビジネスや経営にも明るく、そのスポーツの原則や本質を理解していることがクラブマネジメントを担う人材としての必須条件になってきます。

　Ｊリーグは、このようなスポーツ経営人材の育成を 2015 年より始めています (J League Human Capital、2017 年からは一般財団法人スポーツヒューマンキャピタルとしてスポーツ経営人材育成講座を開設)。ここからもわかるように、経営人材がスポーツ組織では不足していますし、今後は大きく変わっていくであろう環境の中でさらに発達・発展していくために、"真の経営者"が必要とされているのです。

(3) リーグマネジメント

　リーグマネジメントとは、スポーツ競技リーグをどのように運営していくかというマネジメントです。

　リーグも1つの組織ですから、数あるチームを束ねて一括運営していく全体最適と、各チームの個別最適のバランスを取っていかなければなりません。この、「全体最適 vs. 個別最適」を、高いレベルでともに追求し、かつ調整することがリーグマネジメントなのです。

　これに関しては、さまざまな制度設計があり、スポーツごとに特徴が表出してきます。

　例えばプロサッカーリーグであれば、欧州のリーグカレンダーに合わせるメ

第1章　スポーツマネジメント（総論）

リットと、そうすると冬期に試合を運営する必要があるので、寒冷地をホームタウンにする個々のクラブの課題をリーグとしてどう解決するのか。

　プロ野球であれば、セ・リーグとパ・リーグの交流戦を増やしたいパ・リーグ球団と、そうでもないセ・リーグ球団とのせめぎ合いをどう解決するのか。

　簡単に答えの出ない中で決断し、運営し、継続していかなければならないのが、スポーツマネジメントであり、リーグマネジメントなのです。

①新規参入に対する障壁（開放性）

　日本のJリーグは1993年に10チームで開幕し、2017年現在、J1からJ3まで合わせて54チームとなっています。この数字からわかるように、新規参入に対する障壁を下げてチーム数を増やしています。クラブライセンス制度を2012年から導入し、リーグによってさまざまな基準を設けてはいますが、基本的にクラブをさらに増やしていく方針をリーグ自体が取っています。

　一方のプロ野球は、半世紀以上12球団の2リーグ制を変えておらず、2004年のプロ野球再編問題の際に、新規参入の難しさが世の中に明らかとなりました。

　ヨーロッパのプロサッカーリーグには長い歴史があり、すでに大小さまざまな街にクラブが存在しています。そのため、新たなクラブをつくってリーグに参戦するというのは現実的ではありませんが、原則として新規参入に対する障壁はないに等しい状況です。

　アメリカのプロスポーツリーグでは、MLBで30チーム、MLSで20チーム（2017年現在）と、それぞれ緩やかに拡大（エクスパンション）しています。

②戦力均衡度

　日本のJリーグでは、新人選手の年俸を上限480万円と制限（統一契約書A／B／C契約制度）し、金銭による獲得競争を防ぐことで戦力均衡策の1つとしています。しかし、基本的にはフリーエージェントであり、移籍に対する障壁は非常に低いです。

　プロ野球ではドラフト制度が採用され、新人選手の戦力分配はほぼ平等・均等に行われていると言ってよいでしょう。また、フリーエージェントの権利取

得までの期間も定められており、移籍に対する障壁は比較的高くなっています。しかし、選手の総年俸に対する制限はなく、持てる球団がスター選手を集めることができる構造となっています。

　一方、MLBではドラフト制度はもちろん、ソフトなサラリーキャップも導入されています。また、MLSはシングルエンティティというリーグガバナンスを採用し、基本的に選手はクラブとではなくリーグと契約を締結します。ドラフト制度やサラリーキャップも導入されています（第7章で詳述）。

　北米4大スポーツとMLSは、戦力均衡（competitiveness）をリーグ運営の最重要事項としてとらえていることが、これらのリーグシステムからも容易に理解できます。

　一方の欧州サッカーですが、新人採用や移籍のルールも緩く、サラリーキャップもまったくありません。つまり戦力の均衡という考えはなく、規制のない自由競争のリーグだと言えます。持てるクラブが常に勝ち、持たざるクラブは下位リーグへ降格していく。その中でも時折起こる "ジャイアントキリング"（財政規模の小さなクラブが金満クラブに勝つという現象）を楽しみとする文化が根づいています。

　ところで、スポーツリーグを運営するにあたって、純粋に競技志向を目指すのか、はたまたプロなのだからマーケティングを重視するのか。これは意外と難しい選択です。

　ピッチ上のパフォーマンスがすべてだと考えるか、興行として成り立たせるためにはピッチ上での妥協も多少は必要だと考えるのか、ということですが、もちろんどちらも重要です。前者の考えならば、とにかく最強者をシンプルに決定することが最優先されます。後者の考えならば、リーグとしての売上げを伸ばすために多少の不確実性を伴わせることが求められます。

　サッカーのチャンピオンシップ（Championship）決定方法には、こういった志向が表れています。

　欧州サッカーは基本的に1シーズン1リーグ制であり、長いシーズンを経て最強のチームを決定します。

　アメリカMLSでは、国土が広大なこともありますが、各地域でリーグを開

催し、各地域リーグの上位チームによるプレーオフ（ポストシーズン）を開催し、チャンピオンを決定します。MLB、NFL、NBA、NHL も同様の方式を採っています。

このポストシーズン制は、最強チームは本来唯一無二のはずですが、最強のチームではなくても優勝のチャンスを与えるシステムと説明することができます。要するに、最後までどのチームが優勝するかわからないリーグシステムを採用して、最後の最後までリーグ戦を盛り上げるという狙いがあります。

日本のプロ野球でも、もともとはそれぞれのリーグの優勝チームが日本シリーズと題したプレーオフを戦い、日本一を決定していました。しかし現在では、クライマックスシリーズと題し、各リーグで3位までに入ればプレーオフに進出し、日本一を目指すことができるシステムとなっています。

Jリーグは、2015 年シーズンから2ステージ制＋ポストシーズン（チャンピオンシップ）というシステムに変更しました。これは、①メディアの露出、②スポンサーの獲得という2つの狙いがあり、民放でのライブ中継を少しでも増やすことと、それにまつわるスポンサー収入増という成果も得られました（Jリーグ　PUB レポート 2015 参照）。ただし、2017 年シーズンから1ステージ制に戻しています。

（4）イベントマネジメント

イベントマネジメントとは、スポーツイベント（試合、リーグ、トーナメント、国際大会など）のマネジメントです。規模が大きくなればなるほど、関与する組織や人が膨大となり、複雑性は増します。その中で、いかにイベントの理念を追求し、安全かつ多岐にわたるステークホルダーの目的を達成させていくか。そういう困難な課題に取り組むのがイベントマネジメントです。

FIFA ワールドカップやオリンピックなどの開催運営は、時限性のあるプロジェクトマネジメントです。そのイベント運営のために（その前に招致もありますが）、スポーツ界のみならず各界から人材が集まり、組織をつくり、運営に当たり、イベントが終了すればその組織も解散します。

FIFA や IOC は、国際スポーツイベント開催運営のプロフェッショナルで

すが、開催国や開催地の運営当事者は、常に未経験の人ばかりです。国際的な文化の違いもあり、その運営は、関係するステークホルダーの多様性や関わる人間の規模からも非常に複雑で困難なマネジメントとならざるを得ません。さらに、こうしたスポーツイベントでは、選手や観客の安全性がもっとも重要視されます。近年は特にテロ対策費用も含めた警備関係費用が肥大化する傾向にあり、運営を難しくしている原因にもなっています。

2002年の日韓ワールドカップでは、韓国との激しい招致合戦の末、初めての2国間共催となりました。また、チケット問題（空席が多数ありながら購入できない人が多数いたこと。同じ席に重複してチケットが販売されたこと）が社会問題になるなど、さまざまな問題が生じました。

さらに闇の部分で言えば、FIFAワールドカップやオリンピックは大きなお金が動くビジネスであり、昨今ではお金にまつわるスキャンダルがさまざまに取り沙汰されています。

しかしながら、スポンサーがいてはじめてスポーツビジネスが成り立ち、メディアがあってはじめて世界の人々がスポーツを楽しむことができるわけです。したがって、スポーツにまつわるイベントで大金が扱われることは避けられません。とはいえ、スポーツイベントで最も大切なことは、アスリートがそのパフォーマンスを最大限発揮することです。マネジメント側はその機会を提供し、パフォーマンスを全世界の人々へ発信しなければなりません。それがスポーツイベントの本質なのです。

第2章
チームの経営戦略

　組織をマネジメントするにあたって重要となる要素が、理念とビジョンです。なぜなら、どこへ向かっていくのかを示す指標を持つことで、その組織に集まるリソースを効率よく使う根拠にもなり、スタッフをはじめとする関係者を同じ方向に向かせることができるからです。つまり、判断が難しいときに立ち戻るべきよすがともなるのです。もちろんスポーツの領域においてもしかり。理念とビジョンを明らかに確立することが必要不可欠です。ここでは、スポーツ組織のマネジメントという観点で、まず理念とビジョン、それに基づいた経営戦略と組織が向かうべき方向性を、噛（か）み砕いて説明していきます。

組織の理念とビジョン

　まず、理念とは、その存在価値や存在意義を表すものです。その組織が社会の中でなぜ存在するのかを、シンプルかつ明確に言葉で示したものと定義できるでしょう。

　一方のビジョン（Vision）は、Visible という英語が「目に見える」という意味であることからわかるように、理念をどのように実践していくかを指し示す方法論であり、具体的な目標や数値の設定指標でもあります。さらには、5年先、10年先の将来に「なりたい姿」と言うこともできます。

　つまり、理念をもとに、どのような世界を実現していくか、どのような組織となっていたいかをイメージできるように噛み砕いて表現したものがビジョンです。企業によっては、"活動方針"という表現や"行動理念""基本理念""行動規範"という言葉でビジョンを明示しています。

　以下に、いくつかの企業の理念やビジョンを例として挙げています。長期にわたって経営を継続している一流企業の理念やビジョンは、非常に明確でシンプル、そしてメッセージ性に富んでいるものが多く、マネジメントを学ぶ上で参考になると思います。

● Yahoo Japan の理念
　「情報技術で日本の人々や社会の課題を解決する"課題解決エンジン"であり続ける」
● マイクロソフト
　「世界中のすべての人々とビジネスの持つ可能性を最大限に引き出すための支援をすること」
● ファーストリテイリング（ユニクロ）
　「服を変え、常識を変え、世界を変えていく」
● ゼネラル / エレクトリック
　「技術と革新によって生活の質を向上させる」

「顧客、従業員、社会、株主に対する責任を、相互に依存させながらバランスを保つ」

●マクドナルド

「Quality +Service +Cleanliness=Value」

●パナソニック

「産業人たるの本分に徹し、社会生活の改善と向上を図り、世界文化の進展に寄与せんことを期す」

●ホンダ

「人間尊重（自立、平等、信頼）」

「三つの喜び（買う喜び、売る喜び、創る喜び）」

これらの理念・ビジョンは、組織にとって背骨であり魂です。シンプルで強いメッセージ性を含み、暗闇の中でも足元や行くべき先に光を当てる役割があるのです。

さらにもう1つ、インテルの経営理念とミッション、ビジョンは、PCのチップをつくる会社として非常にわかりやすい組み合わせとなっているので、例として挙げておきます。

●インテル

経営理念

顧客志向・結果志向・規律正しさ・優れた職場環境・品質・リスクに挑む

ミッション（使命）

コンピュータ業界において卓越したビルディング・ブロック（基本要素）の供給会社となることで、顧客、社員、株主に貢献すること

ビジョン（将来像）

マイクロプロセッサーの市場で首位の座をさらに強固にする

PCをインタラクティブ（双方向）、デバイス（電子部品）として世界中に普及させる

正しいことを正しく行う

スポーツ組織の理念とビジョン

(1) FC バルセロナの理念とは

　スポーツクラブといっても、例えばJリーグのクラブも株式会社ですから、経営と組織という観点からは一般企業と何ら変わりありません。お金と人がダイナミックに動く中でスポーツという目に見えない"商品"を扱う。したがって、組織がどこに向かうかという方向性を明確に内外に示すことには、大変重要な意味があるのです。

　例えば、スペインのソシオ制度（会員の出資によって組織を運営する方式）で成り立っているFCバルセロナの理念は、次のようなものです。

> "Mes que un Club" 英語では "More than a club"（クラブ以上の存在）

　スポーツクラブとして、ただ単純に身体を動かす場所という機能だけではなく、バルセロナのあるカタルーニャ地方の歴史を踏まえた言葉となっています。カタルーニャ地方には、かつては独立国であり独自の言語も持っていたという民族のルーツがあります。そのルーツを忘れないための存在であり続けたい、もっと人々の心に届かせたいという宣言でもあるのです。

　地域としての存続を懸けた戦いが過去にあって、その中でFCバルセロナというクラブが人々の心の拠り所であったという歴史的経緯がある。いまだに独立運動が存在することからも、その地域の象徴としての存在感があります。過去に独裁政権から、地域としても民族としても抑圧され、言語まで使用を禁止された。そういった民族的な危機感が、地域に対する愛情とアイデンティティの源泉となっています。その基盤の上にクラブが成り立っているからこそ、"Mes que un Club" という理念が、深く根づいているのです。

　いつから唱えられているものかは不明ですが、非常に印象的です。この一言ですべてが言い表されているという意味では、見習うべき事例でしょう。

（2）Jリーグの理念＆ビジョン

　日本のスポーツ組織に目を向けると、これに比肩し得るほどの理念がJリーグにもあります。Jリーグのチェアマンになると、必ず下記の3つの言葉を頭に刷り込んで、その前に机と椅子を置いて仕事をするそうです。

> **Jリーグの理念**（Jリーグ オフィシャルサイト About J. League 2016年9月より抜粋）
> 　一、日本サッカーの水準向上及びサッカーの普及促進
> 　一、豊かなスポーツ文化の振興及び国民の心身の健全な発達への寄与
> 　一、国際社会における交流及び親善への貢献

　Jリーグがどこへ向かって行くのかという指標を表していますが、この理念もわかりやすいと思います。また、2つめに「スポーツ文化の振興」「国民の心身の健全な発達」とあるように、サッカーという言葉ではなくスポーツという言葉も使っているところが非常に特徴的です。

　「サッカー文化」ではなく「スポーツ文化」という言葉から、サッカーが日本のスポーツ文化の醸成にリーダーシップ役を果たすんだという思いが込められていることがわかります。この理念に沿ってJリーグ各クラブは、サッカーだけにとどまらずさまざまな競技種目をクラブ傘下で運営し始めており、積極的にスポーツ振興に取り組んでいるのです。

　もちろんサッカー中心なのですが、「スポーツ文化」という言葉を理念に掲げることで、1つのミッションとなりました。Jリーグが持ち続けていくべきキーワードになっているということです。

　シンプルな言葉ですが、何をすべきか、なぜ存在しているのかを、シンプルに表しています。何か迷いがあったときには3カ条に戻ればやるべき方向が判断できるという、これも素晴らしい理念の事例です。

　スポーツ組織は、スポーツというサービス（商品）を提供するものです。感動や興奮などの目に見えないものを売っているという性質上、CS（Customer Satisfaction　顧客満足）は人によってさまざまに違うことから、非常に難しい課題となります。例えば価格についても、飲食物などの一般消費財であれば、

ある程度予測のもとに出すことができます。しかしスポーツの試合では、チケットの値段は決まっているが商品の質や満足度は試合が終わってみないとわからない。そういう不確実性がかなり高いのです。

　さらに、行政が運営に大きく関係してくることから、半分公的な存在であるとも言えます。そういう環境と立ち位置で運営していくには、明確な判断基準となる企業・組織としての理念を確立し、経営者のみならずそこに関わる人すべてが、常に頭に置くことが重要です。

　そのためにも、シンプルでアピール力があり、たとえ100年たっても変わらないビジョンを掲げることが、スポーツ組織にとって必要不可欠な課題となるでしょう。

　Jリーグを例に取ると、ビジョンは"Jリーグの活動方針"という形で表現されています（Jリーグ　オフィシャルサイト　About J. League　参照）。さらに「百年構想」というビジョンも掲げていて、100年後にはこういう姿の日本とJリーグになっていたいという大願を想起させる、メッセージ性の強い内容になっています。

Jリーグ百年構想〜スポーツでもっと幸せな国へ〜(同前出)

　　○あなたの町に、緑の芝生に覆われた広場やスポーツ施設をつくること。
　　○サッカーに限らず、あなたがやりたい競技を楽しめるスポーツクラブをつくること。
　　○「観る」「する」「参加する」。スポーツを通して世代を超えた触れ合いの輪を広げること。

　このビジョンからは、芝生のグラウンドでプレーする人々の姿が見事に思い浮かぶでしょう。組織のビジョンとして参考にすべき事例だと言えます。

　ちなみに、百年構想はスタート時にはなく、あとから加わったものです。しかし理念のほうはスタート時から変わっていません。Jリーグ立ち上げに尽力したすべての人たちの思いが込められているものなのです。

　こういう理念や百年構想は、毎年2月初旬に行われるJリーグの新人研修で、全選手が耳にします。そのキーノートのスピーチでは、チェアマンが新人選手

に対して必ずメッセージを打ちます。そのときに配られる冊子にも必ず入っているものです。

　クラブごとの理念では、例に挙げたFCバルセロナのクラブ事務所を私が訪れたときに、入り口の壁一面に "Mes que un Club" という言葉が大書されていました。しかし、Jリーグのクラブではなかなかそうはいかなくて、クラブの理念も一応あるのに誰も知らないのです。というのも、どのクラブも言葉は違うけれども内容はほぼ同じといった状態で、面白味もないし、クラブのカラーも出づらい。もちろんクラブ自体が理念をアピールしていないこともあるでしょう。

（3）新興のＢリーグが掲げる " 使命 "

　一方、2016 - 17 シーズンにスタートしたばかりのＢリーグですが、以下のような３つの使命が定められています。

B.LEAGUEの３つの使命（B.LEAGUE オフィシャルホームページより）

　　○世界に通用する選手やチームの輩出
　　○エンターテイメント性の追求
　　○夢のアリーナの実現

　最初にある「選手やチームの輩出」というのは、ある意味当たり前のモノと言えますが、２つめの「エンターテイメント性の追求」は、プロスポーツにおいて非常に重要な要素でありながら、日本のスポーツ界ではあまり重要視されてこなかったポイントではないでしょうか。

　３つめの「夢のアリーナの実現」は２つめにも関係してきますが、" 場 " の重要性を謳ったものです。今後、多くのアリーナをつくっていきたいという意志が伝わってきます。

　以前の２リーグ並立時代（NBLと bj リーグ）から新たに生まれたのがＢリーグです。国際バスケット連盟からペナルティを課せられるなど、さまざまな紆余曲折を経てようやく誕生したプロリーグがどこへ向かっていくべきなのか。それを明確に指し示している使命（ミッションステートメント）だと思います。

● 39 ●

③ 理念・ビジョンと経営戦略

（1）経営戦略とは

　経営戦略とは、理念・ビジョンという長期的な目標や存在意義を実現するために、中・短期的にそれをどのようにアクションにつなげていくかを表現したものだと言えます。その中には、部門別の事業戦略・機能別の戦略（マーケティング戦略・広報戦略など）、それにすべてを統合した全社的経営戦略があります。

　組織の理念とビジョンに基づいて、事業計画や経営戦略を立てるべきだという説明をしていきます。

　図表2-1がそれを表していますが、あるべき姿、目指したい姿が理念やビジョンだとすれば、そこにどうやって到達するかというのが戦略であり、その下にあるのが戦術となります。事業ごとの戦略で言えば、例えばスポーツクラブだったらチケッティングやスポンサーシップ、マーチャンダイジングなど、

図表 2-1

出典：『経営戦略の基礎』（日本実業出版社／日本総合研究所 経営戦略研究会 著／手塚貞治 監修）P14 から抜粋

それぞれの戦略があります。その下には、マーケティングや広報、人事という機能別の戦略があって、それらをまとめて全体としての会社の戦略が成り立つと考えられます。

現実として、スポーツの世界で経営戦略をしっかりと立てて実践し、そのフィードバックを改めて次の戦略へ活かしている事例は稀です。ここでは、その貴重な事例として、湘南ベルマーレの経営戦略を取り上げて考察してみましょう。

まず、湘南ベルマーレの理念・ビジョンから経営戦略までをなぞっていきます。湘南ベルマーレのスピリットブックにミッションやビジョンは書いてあるのですが、それ以外は私独自の分析で、湘南ベルマーレの理念から落とし込んで戦略までを見ていきます。

湘南ベルマーレの理念 （湘南ベルマーレ　Spirit Book 2015 から抜粋）

● Mission（私たちの使命）

　　　夢づくり　人づくり～世代と地域をつなぐ総合型地域スポーツクラブとしてチャレンジする人の成長を支え、夢と感動を提供する。

● Vision（私たちが目指す未来）

　　　人生と地域を豊かにするスポーツ文化が根ざしている世の中。

● Value（私たちが提供する価値）

　　　〔向上心〕常に全力であること。

　　　〔郷土愛〕地元へ恩返しすること。

　　　〔育成力〕若者を応援すること。

こうした基本的な理念とビジョンをもとに、湘南ベルマーレの経営戦略を説明する前に、経営戦略立案のプロセスを簡単に説明しておきます。

経営戦略は、環境分析、Key Factor of Success（KFS）、戦術などから成り立っており、図表2-2の構造に基づいて、自社（Company）と消費者・顧客（Consumer）と競合（Competitor）それぞれの環境分析を行います。その上で、何が経営戦略を左右する要素なのかを明確にして分析するというフレームワーク

が「環境分析（3C）」と「Key Factor of Success（KFS）」です。それぞれについて、以下に説明していきます。

図表 2-2　経営戦略立案プロセス

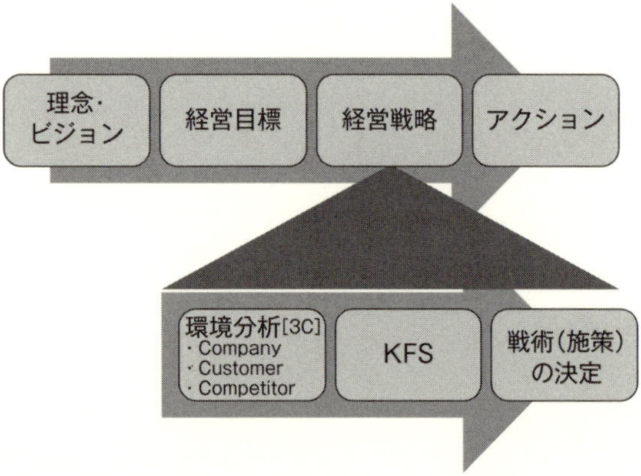

出典：『経営戦略の基礎』（日本実業出版社／日本総合研究所 経営戦略研究会 著／手塚貞治 監修）

（2）「3つのC」と「KFS」

環境分析 1　〜内部分析：Company（自社）〜

最初に以下に挙げる要素を解析して、自社の状況、環境、強み・弱みを知ることが重要です。

　　①オーナーシップ（ガバナンス）と財務状況
　　②経営資源（人・モノ・カネ）
　　③立地（マーケット・ホームタウン）

①オーナーシップ（ガバナンス）と財務状況

Ｊリーグでも、ビッグクラブはすべからくグローバル企業がオーナーです。浦和レッズ（三菱自動車工業株式会社：2016年11月に"ダイヤモンドFCパートナーズ"というホールディング会社を設立し、その60.8％を三菱重工業株式会社が、39.2%を三菱自動車工業株式会社が保有）や横浜Ｆマリノス（日産自

● 42 ●

動車株式会社）、名古屋グランパス（トヨタ自動車株式会社）などが代表例ですが、一定の収入が確実に得られるので、経営の安定化が図れるというメリットがあります。

その一方で、小さなクラブであれば「どんなことでもやってみよう！」というスタイルをとり得ますが、大企業になるとガバナンスも強くコンプライアンスにも厳しい。だからチャレンジがしづらい、というデメリットがあります。

さらには、3年に1回とか4年に1回、社長が親会社からクラブに送り込まれてきます。しかし、サッカービジネスやスポーツビジネスを経験したことのない人が社長として派遣されてくる場合も多々あります。自社のプロダクトの本質を理解しない社長。これも、大企業がオーナーであることのデメリットです。

もちろん、サッカーやプレーを理解していなくても、本当の経営を理解し実践してさえくれればよい。つまり、会社が扱うメインの商品である"チームと選手"の質を見極め、理解する力さえあればよいという意見も正論です。

プロサッカークラブは地域の公共財です。しかしながら、一企業体としてやるべきことは明確であり、そのような考えのもとで経営されれば、自ずと方向性も決まってくるのではないでしょうか。

②経営資源（人・モノ・カネ）

「人」については、選手とスタッフとを分けて、選手はモノの範疇に入れたほうがよいでしょう。ここではスタッフに限定しますが、例えば人材育成や管理、労務環境などの点では、ビッグクラブと小さなクラブではやはり差が出てきます。

もちろん人は多いほうが健全な状態です。人が少ないと、1人ですべてをやらなくてはいけない、残業も多くなる、休みもなくなるという、いわゆる3K職場的な状況になってしまいます。今の世の中では到底許されない現状が、実際には多く見受けられています。人に投資して、しっかりした人的資源を抱えて組織化することは、本当に大事なことです。

「モノ」は、スポーツビジネスにおいては選手や監督も含めたチームが、それに当たります。

「カネ」に関しては言わずもがなでしょう。

なお、モノの中には「ブランド力」も入ってくると思われますが、それも含めて、経営資源は「人、モノ、カネ」の3つとなります。

③立地（マーケット・ホームタウン）

立地については、ホームタウンの人口が大きな要素です。人口の構成比率も、将来のファンを獲得するためには重要で、将来のために「小学生はタダ」としているクラブもあるほどです。

環境分析2 〜外部分析：Consumer（消費者・顧客）〜

自分たちの提供する価値を明確にし、自分たちのサービスや商品を買ってもらいたい相手を決めることが求められます。そこを明確にするためには、以下の事項について情報収集（リサーチ）しなければなりません。

　　①市場動向
　　②顧客のニーズとウォンツ
　　③既存顧客の属性
　　④潜在顧客

①市場動向

Ｊリーグ全体での動員数やチーム数を見てみると、現在54チームで、市場動向としては数が増えてきています。しかし、そのメリット・デメリットは両方あります。

例えば今も12チームのトップリーグだったら、そのリーグ自体は盛り上がっている可能性はあります。しかしながらサッカー人口の裾野がここまで広がっていたでしょうか。サッカーの普及という観点からは疑問です。しかも、12チームのトップリーグをつくっても、外国人選手がその半分を占めていたとしたら、日本代表はおそらく強くなっていないでしょう。これが正解というものはありませんが、前述のようにＪリーグとしては最終的には100チームを目指すというビジョンがあります。その構想のもとにＪリーグのやり方でサッ

カーの裾野が広がっているのは事実です。

　ただし、底辺は広がっていますが、上には伸びていません。2007年に浦和レッズが売上げ80億円を超えましたが、それがピークでした。現在ではおそらく60億円前後でしょう。J1の平均売上げが31〜32億円なので、全体で考えても伸び悩んでいると言えます。

　しかし、2017年に大型の放映権契約（Dazn（ダゾーン）との放映権契約、2017年から10年）が決まったので今後はかなりの伸びが見込めると思います。

②顧客のニーズとウォンツ

　これは、観に来てくれる観客が何を求めているかについての分析です。チームの勝利なのか、暇つぶしなのか。そこを明確にしないと戦略は成り立ちません。

③既存顧客の属性

　観客の年齢構成については、Jリーグの平均も各クラブの平均も数字として出ていますが、明らかに20年前からそのまま年齢を重ねているというデータが出ています。20年たって、子供を連れてきている人もいますが、当時のファンがそのまま年を取っているのが実情です。

④潜在顧客

　これは、各クラブがどういうターゲットに絞って顧客を掘りおこすかということです。

　潜在顧客とは、何かクラブやリーグがアクションを起こせば、チケットやグッズを購入してくれる可能性の高い人々のことを指します。それが、女性なのか、中高校生・大学生の若い層なのか。まだ掘り起こせていないという意味での潜在顧客なので、先ほどの小学生を無料にして子供を呼び込んでおくという考え方もあります。ここに関しては、各クラブがどういう戦略を持つかが大事なところです。

　市場と顧客については、それぞれの地域性があると思います。物価も違えば、消費に対する性向も違ってきます。大切なことは、その地域（マーケット）の

特性をしっかりと把握することです。

　どのような層を狙うべきか具体的には言えませんが、すべてのクラブに共通して言えるのは、新規の顧客を獲得していかないとサッカー人気も盛り上がっていかないということです。そういう厳しい現実だけは理解しなければなりません。

　さらに言えば、10代後半から20代の若者、特に女性が少ないという現状は、話題やエンターテイメント性に欠けているからだという見方ができます。言葉を変えると、サッカーを好きな人やサッカーに興味を持ちそうな人ばかりをターゲットにしているということです。

　そうではなく、アメリカのスポーツビジネスのように、エンターテイメント性を追求することが今後は大事になってきます。そうすることで、サッカーや野球のスタジアムに足を運ぶ目的として、実際の試合は数ある楽しみのうちの1つに過ぎないという在り方を目指す。そういった割り切りも必要だと考えるべきなのです。

　この他に、見込顧客という無理なくターゲットユーザーになり得る人たちもいます。その、ターゲットユーザーと見込顧客がきちんと想定できていれば、潜在顧客を想定するのは簡単になります。

　つまり潜在顧客とは、必要だと気づかせてあげれば見込顧客になり得る人たちのことを指す。「今は遠慮しておくけれど、何かきっかけがあれば……」という人たちです。

環境分析3　〜外部分析：Competitor（競合相手）〜

　ここで言う競合相手とは、自社のサービスや商品を購入する際に、顧客のニーズを満たす他の選択肢を提供している企業や企業群のことです。スポーツ界を大きなくくりでエンターテイメント事業とすれば、サッカーの試合の代わりにプロ野球の試合や他のスポーツ競技が競合相手になるかもしれません。さらには、スポーツ観戦よりも音楽のコンサートやライブを選ぶことも考えられます。それこそ、ディズニーランドのようなテーマパークを競合と定義することもできるでしょう。

　重要なことは、自分たちで自社の提供するサービスや商品の価値を明確に定

46

義することです。それによって、何が競合相手となるかも自然と浮き出てきます。

　以上のような分析をしていけば、自ずと次に挙げる KFS も見えてきます。その中で、クラブごとにどこに重点を置くかを策定していくことが重要になってくるのです。

KFS

　内部・外部環境を分析し、その中でいかに勝ち進んでいくかを決める要素となるのが KFS(Key Factor of Success) です。直訳すると「成功の鍵となる要素」ですが、自社の強みを活かし、ターゲットとなる顧客のニーズを満たし、売上げと利益を上げていくために鍵となる要素を明確にしなければならないということです。

　前述しましたが、Jリーグでもプロ野球でも、オーナー会社の存在とオーナーシップが非常に大きな要因になって財務的な状況を左右します。つまり経営資源である「人・モノ・カネ」に加えて、オーナーシップ、マーケットの規模を測る上での立地が、内部分析では重要な要素となります。

　外部分析としては、まずは顧客やマーケットの特性を明確にすることです。さらに、エンタメ業界、サッカー業界、スポーツ業界といろいろある中で、どんな市場なのかも明確にしなければなりません。あるいはプロサッカーであれば、その市場が果たして大きく成長しているのか、停滞しているのかという分析が必要です。また、自分の顧客は誰なのかといった点も分析しなくてはいけないでしょう。

　競合に関しては、サッカーという狭い競技の範囲を競合相手とみるのか、プロ野球やBリーグ、ひいてはディズニーランドのようなテーマパークまで含めて、エンタメ業界として競合相手とするのか。それを判断するための分析も必要になります。

　そうした分析を経て、何が自分たちの成功を分けるのか、分ける鍵は何なのかという KFS を、ある程度の数値の目安とともに出していく。それが戦略策定のフレームワークだということです。

（3）湘南ベルマーレにおける環境分析

　前節を踏まえて、具体的に湘南ベルマーレの環境分析と経営戦略を検証してみましょう。

環境分析 1　〜内部分析：Company（自社）〜

湘南ベルマーレのガバナンス・財務状況

　株主構成は、メインスポンサーである2社と持ち株会社など、計356社となっています。51%以上の株を持つ親会社はなく、損失を補填してくれる存在はありません（2017年5月現在）。かつては毎年赤字を出しているような時期もありました。3割を超える株を持つ組織はないので、責任企業を持たない市民クラブと定義づけられます。要するに、自立して経営していかなければならないクラブです。

　社長人事や株主構成の変更などについてはすべて株主総会により決定され、特定の個人や会社組織が決定権を持たないガバナンスとなっています。しかし、厳しい財務状況なので選手への人件費が限られているため、経営責任者としてもチーム編成にはいつも苦労している状況にあります。J2にいる現状（2017年シーズン現在）では、J1に選手が引き抜かれてしまうことが多々あります。

湘南ベルマーレの経営資源

　経営資源は、①人、②モノ、③カネ、④ブランド、⑤立地、の5つに大きく分けられます。

①人

　スタッフ（トップチームスタッフ・アカデミースタッフ・フロントスタッフ・ボランティアスタッフなど）

②モノ

　サッカークラブとしてのモノは、商品であるチームと選手、並びに試合会場となるスタジアム・練習場・クラブハウス・本社などですが、チームと選手以外で最も重要なのはホームスタジアムです。

　サッカーに限らず、日本では行政が所有している競技場を借りる形式が主流です。ただし、鹿島アントラーズやガンバ大阪、横浜 DeNA ベイスターズ、東北楽天ゴールデンイーグルスのように、指定管理者としてスタジアムを自主運営しているクラブや球団もあります。

　湘南ベルマーレの施設は、やはり J1、J2 の中でもかなり劣悪な状況です。ホームスタジアムは「Shonan BMW スタジアム平塚」（市営スタジアム）で、試合の日に市から借りる形で運営しています。収容人数は 1 万 5,200 人と小さめで、しかも陸上トラックがサッカーコートを取り囲んでいる昔ながらの競技場なので、サッカー専用スタジアムに比べるとピッチとの距離があり、1 万人以上入っても盛り上がりに欠ける施設であると言えます。また、ビューボックスなどの法人向けパッケージセールスの対象となる部屋や座席が限られています。したがって個席を販売するしかなく、ここでも施設の限界が売上げの限界要因になっています。

　チームと選手は、プロサッカークラブの最も重要な商品であり、その質を保つ、そして上げていく。さらにコストパフォーマンスについても追求していく姿勢が経営には求められます。

　湘南ベルマーレは、アカデミーから育成した選手がトップチームで活躍し、その後他のクラブへ移籍していくという流れができています。その点では、移籍する選手も重要な商品（モノ）の 1 つとなります。

③カネ

　湘南ベルマーレの 2015 年シーズンの売上げは、以下のようなものでした（J リーグ個別経営情報開示資料 2016 より）。

　10 年前に比べれば倍以上にはなっていますが、J1 の平均が約 32 億円になっているので、売上げとしてはその半分でしかない。その中で残留するとか上位に食い込むという努力をしているわけです。

・売上げ	1,561,000,000 円（2015 シーズン）
・当期純利益	4,000,000 円
・繰越利益剰余金	▲ 863,000,000 円

　これらの数値を見ても、親企業がないために毎年自立した経営をしていかなければならないクラブの苦労の一端がわかります。湘南ベルマーレの売上げが2011 シーズンから見れば倍増しているにもかかわらず、累損が減らない状況は、決して好ましい財務状況ではないと言えます。

④ブランド

　競合相手と差別化を図るためにブランド価値を持つことは大切です。では、ブランドとは何か。有形無形で認識される価値であり、歴史・文化・過去の監督や選手・過去の成績・もたれているイメージなどが無形のブランド価値です。一方、エンブレムやスタジアムなどが有形のブランド価値となります。

　湘南ベルマーレの場合、過去にアジアチャンピオンになったり、中田英寿やロペスなどの代表選手を多数輩出しており、過去の栄光は１つのブランドだと言えます。また、ホームタウンが７市３町に広がり、NPO 法人でさまざまなスポーツ団体の運営を行っていることから、地域密着のイメージが強く、湘南ブランドの１つとなっています。

　利益と強さを求めるトップチームと、地域での活動を重視するアカデミーと、さらにサッカー以外のスポーツとで組織を明確に分けています。このスタイルは、今でこそ日本でも珍しくなくなりましたが、当時はヨーロッパの一部のクラブだけが導入しているスタイルでした。あるべき姿をどこよりも早く実践していたなと思います。

　しかしながら、最もブランドに影響を与えるのはチームのパフォーマンスであり、成績です。その点、J1 と J2 を行き来している現状では、決して"強い"サッカーチームというブランドは得られていません。とはいえ、"湘南スタイル"という言葉が定着してきていることからもわかるように、ピッチ上でチームが繰り広げるパフォーマンスは魅力的なものとなってきています。仮にチームが負けても「面白い試合だった」「楽しかった」と言ってもらえるプレーとパ

フォーマンス。選手全員が最後までゴールに向かって走り続けるひたむきなプレースタイル。2－0で勝っていても時間稼ぎをすることなく、最後の最後までゴールを目指すスタイル。このようなスタイルは観ている人の心を動かし、また応援したいという気にさせています。湘南ベルマーレの最も大きなブランド価値は、このピッチ上で繰り広げられる"湘南スタイル"だと言えるでしょう。

⑤立地（マーケット・ホームタウン）

　立地に関しては、人口だけを見ると十分な数です。2000年にフジタ工業（現フジタ）が親企業から撤退したことにより、ホームタウンを拡大して平塚市から7市3町へ広げたことは、人口にフォーカスすれば可能性を広げたことは間違いありません。しかし、そのまま簡単に観客動員につながるほど甘くはありません。

　Jリーグの調査によると、観戦者の50.7%が平塚市からの来場で、次いで藤沢市（8.5%）、茅ヶ崎市（7.2%）となっています（Jリーグ観戦者調査2016）。

　近くに横浜という大都市があったり、海が近くにあったりという、人々が暇をもて余さずに過ごせる場所だということを考えると、サッカーにとってはあまりいいマーケットではないと言えます。神奈川県に広げてみても、Jリーグクラブが計4つあり、野球とバスケットボール、Fリーグも加えると、プロスポーツチームが7つもある。つまり、ファンを取り合っているのではないかという側面もあるのです。

　また、基本的に湘南エリアの人は、週末などに東には行くのですが、西には来ない。イメージとしては、横浜から西にはなかなか来ない。横浜の人が東京に行く、湘南の人は横浜に行くというイメージです。

　そういった分析をもとに、この立地で誰を主な顧客にするかを明確に定めることが経営戦略上、とても重要になります。

環境分析2 〜外部分析：Consumer（消費者・顧客）〜

　まずは、既存の顧客の属性を知ることから始める必要があります。Jリーグでは毎年観戦者調査を実施し、そのデータを公表しているために参考にできるでしょう。

加えて、お客さんが何を求め（ニーズ）、何に不満を感じているかなど、来場者調査を実施することによって顧客満足度を上げる策を実施することが可能となります。

　さらに、マーケットを細分化（セグメンテーション）することによってターゲットとするグループを特定する。そこへマーケティングを仕掛けるということも、売上げを拡大していくためには必要な策です。

　セグメント分けをもとに顧客ニーズや競合動向を考察し、その上でキーファクターを作成するとこのようになるのではないか、という湘南ベルマーレを題材とした私なりの分析が図表2-3です。

　"湘南スタイル"というブランドとモノの魅力、育成力を中心にこれからやっていくべきだというのが、私の考える湘南ベルマーレのKFSです。新人選手の育成＝指導者の育成でもあるのですが、その上に湘南スタイルというブランドが成り立つ。そこをどうレベルアップしていくかというのが、今後の重要な課題でしょう。

図表2-3　セグメンテーションとKFS例

セグメント	顧客ニーズ・要件	競合動向	KFS
地域軸	地域愛の経験・発露	横浜Fマリノス：グローバル展開	地元出身選手の育成と活躍
プロサッカー軸	感動する観戦体験	監督任せのチーム戦術とパフォーマンス	湘南スタイルの飽くなき追求と継続
お手軽軸	手間をかけずに気軽に楽しみたい	横浜Fマリノス：大きすぎるスタジアムのデメリット	チケット付加価値の拡充
コスト軸	できるだけ安く楽しみたい お金を払ってもよいから贅沢な環境で観戦したい		低トータルコストの追求 チケット付加価値の拡充

　地域軸ならば地域愛を求める。すると、やはり地元出身のサッカー選手を育てて活躍させることが大事です。そういう選手が何人いるかが1つの目安になります。一方で、湘南エリアの上手い選手は、湘南ベルマーレが誘っても川崎

● 52 ●

第2章　チームの経営戦略

フロンターレや横浜Fマリノスに引き抜かれます。中高生の選手たちでも、やはりブランドの大きさによってアカデミーから引き抜かれることがあります。

　プロサッカー軸では"湘南スタイル"という独自のスタイルを築きつつあるので、それをさらに洗練させていくことが重要です。競合動向としては、ここは難しいところですが、なかなかチームのスタイルが定着していないJリーグクラブが多い中で、湘南ベルマーレは独自性を出せる軸だと言えます。

　お手軽軸は、アクセスでありチケットの値段であり、もしくはサッカー以外のどんな楽しみがあるのかといった、ちょっと気軽に行ってみようかなというハードルです。マーケティングで考えるなら、そういった「あまり興味がないけれども、ちょっと行ってみようかな」という人たちが行きやすいかどうか。サッカーは大して好きではないけれども、こういうものがあるならついでにサッカーも見てみようかなという人を呼べるかどうか。そのためには、スタジアム外のイベントや付加価値、プレゼントといった企画が必要になるでしょう。

　最後のコスト軸は、上の3つの軸と重なるところがあります。特にお手軽軸とやや被りますが、例えば既定の入場料だけで、試合だけではなく違う価値も付随してくるという策を考えていけば、お客さんのニーズの分析などもできるかもしれません。

　スポーツチームの応援に関しては、ブランドスイッチ（今まで応援していたチームから、他のチームに応援するチームを変えること）が起こりにくいという特性があります。特定のチームや選手を応援する傾向が非常に強いので、応援するチームを変えるということが非常に稀です。その一方で、外からファンを獲得しづらいという面もあります。業界特性としては、いったんファンになるとなかなか離れないが、逆に新規のファンを獲得することに非常に苦労するし、難しさもあるので、そこに注力しなければいけないということです。

環境分析3 〜外部分析：Competitor（競合相手）〜

　「スポーツビジネスとしての競合分析」として、神奈川県内のJ1チームの比較をまとめたのが図表2-4です。

　比較する要素として挙げた「財政力」「スタジアムの魅力」「地域貢献力」「選手育成力」「ブランド力」は、プロスポーツクラブの経営力を測る上では絶対

● 53 ●

図表 2-4　スポーツビジネスとしての競合分析

	財政力	スタジアムの魅力	地域貢献力	選手育成力	ブランド力（知名度）
湘南ベルマーレ	△	△	◎	◎	△
横浜Ｆマリノス	◎	◎	○	○	○
横浜ＦＣ	○	○	○	△	△
川崎フロンターレ	◎	○	◎	△	○

著者の独自分析（2017 年 7 月現在）

的に必要な比較軸だと考えられます。

　こういった分析の中で今後重要度が高くなるのは、スタジアムと選手育成です。スタジアムの魅力は、まずサッカー専用かどうか。そしてアクセスはどうか。サッカーのある日以外では、どのような楽しみがあるのか。これは地域貢献にも含まれますが、地域の人がどれだけ足を運んで楽しむ場所になっているかどうか、という観点です。

　これらをすでに実践しているクラブは、例えば鹿島アントラーズやガンバ大阪です。スタジアムの運営にクラブが指定管理者として入っているので、スタジアムの運営にも関わっている。だから、自分たちが思うようにスタジアムでいろいろな事業ができています。

　他のクラブは、試合当日とその前日を借りているだけなので、まったく自由が利きません。そこが大きいのですが、詳細は第5章の「スタジアムビジネス」のところで述べます。

　また、選手の育成力が大事なのは当然として、もちろん育成選手だけで構成することはできませんから、外部から招聘する選手も含めたバランスが大事になります。

　競合に関しては、スポーツもエンタメビジネスの1つという観点からも分析しておく必要があります。他のいろいろな娯楽との競合も、実はあるのです。例えば休日ということで比較しても、映画鑑賞やテーマパークなどのエンタメ産業があり、湘南ベルマーレの場合は、近くに海もあるし、横浜という大都市

も近い。そういった、サッカーチームではない娯楽との競合もあるということです。

　産能大の２年生100名に、「土曜日の湘南ベルマーレの試合があった時間、あなたは何をしていましたか」というアンケートをしたことがあります。「バイトをしていた」という回答が圧倒的に多く、あとは「ショッピングモールに行っていた」とか、「飲んだり食事をしたりしていた」とか。100人の学生に対するアンケートではありますが、参考になるデータとなりました。

　サッカーの試合に比べると、他の娯楽産業は日常的に存在することは確かです。同じスポーツでも、例えばプロ野球は試合数が圧倒的に多い。そういうところとの競合も考えていく必要があります。

　ある音楽ライブ興行のプロの人に聞いた話では、ライブはアーティストの人気によってハコ（会場）を変えることができる。しかしサッカーなどのスポーツは、人気があろうがなかろうがハコが決まっている。クラブが成長するに従ってハコを変えられるならいいが、それはできない。それがスポーツビジネスの大きなハードルだという話でした。

　もちろんフランチャイズ（ホームタウン）を変更することも容易ではありませんし、そもそもＪリーグに加盟するにはスタジアムの最低収容人員が定められています。しかし大きすぎるスタジアムも、特に陸上トラックもある競技場などは、観客が試合を見づらいというデメリットがあります。選手の立場で言えば、近くで見られているほうがやはり雰囲気が盛り上がります。それもあって、サッカー専用スタジアムのほうが絶対的に有利だと言えるのです。

　以上のように分析していくと、どこにフォーカスして策を打っていけばよいかが明確になってくるのではないでしょうか。

第3章
スポーツ組織における
リーダーシップ

　ここで言うリーダーとは、会社の経営者という意味のトップではなく、あくまで現場の監督のことです。社長や会長などよりも、現場におけるリーダーシップのほうがチームにとってははるかに重要だからです。チーム事情によっても、また個々の資質によっても違いはあるでしょうが、そういったさまざまなスタイルのリーダーシップを分析し、コーチングや選手の育成、あるいは発する言葉の持つ力などについても検証していきます。もちろん経営トップにも通じるところはありますが、ここでは現場の監督を題材にして、スポーツ組織におけるリーダーシップとは何かを見ていきます。

リーダーシップの定義

　リーダーシップとは何かと問われれば、多種多様な考え方や定義がありますが、一般的には「組織の設定した目標に到達するために、人々に影響を与え導くプロセス」だと言えます。
　一方、「リーダーシップとは、自然発生的な社会現象」というとらえ方もできます。これは人間同士の関係性、例えばリーダーとフォロワー（ついていく人）の関係性に着目したものです。
　いずれにせよ、組織のマネジメントという観点では、リーダーシップがどのように組織に作用するのかを理解しておく必要があります。組織が組織である理由は、単に個の集積だけにとどまらず、威力（パワー）を組織として発揮することにあります。組織が同じ方向を向き、歩調を合わせて進んで行くには、リーダーシップが非常に重要な役割を担うのです。

　ここでは、サッカーチームの監督に見るリーダーシップを分析する上で非常にフィットしたセオリーである、パス・ゴール理論を使います。
　パス・ゴール理論とは、ロバート・ハウスが1971年に提唱したリーダーシップ条件適応理論の1つです。ハウスは、リーダーの最も重要な役割はメンバーの目標達成を支援することにあるという前提で、リーダーシップ発揮の在り方を4つの類型にまとめています。そこに、サッカーにおけるリーダーという条件を当てはめたのが、以下に挙げる類型です。

①指示命令型リーダーシップ
　各プレーヤーに対して、どのようなプレーが期待されているのか、どのようにプレーしたらよいのかという方法までも示します。いつまでにやり遂げるべきかなど、プレーに関すること細かな約束事まで指示するタイプです。

②支援型リーダーシップ

リーダーがフレンドリーでつき合いやすく、プレーヤーのためを思ってポジションや役割を決定するタイプ。チームワークやチームの和を醸成することに腐心し、それぞれがプレーを楽しめるように居心地のよさを演出します。さらに、一人ひとりを人間としてリスペクトします。

③参加型リーダーシップ

プレーヤーを、チームの活動に主体的に参加させ、意志決定に巻き込むという、決定のプロセスをシェアするタイプ。常にプレーヤーと会話し、彼らの意見や考えを聴き、チームの向上のための提案を受け入れます。

④達成志向型リーダーシップ

プレーヤーに、最大限の能力を発揮できるようチャレンジさせるタイプ。きわめて高い水準の目標を設定し、不断の向上を求めます。

② サッカーに見るリーダーシップのスタイル

（1）日本代表監督の類型

　プロサッカー界の監督たちは、それぞれがそれぞれの哲学を持ち、チームを率いています。しかし、結果を残せる監督と結果を残せない監督にはどんな違いがあるのでしょうか。前述のリーダーシップの類型をもとに、各々のスタイルと結果について考察していきましょう。

指示命令型：フィリップ・トルシエ監督〜2002年日韓ワールドカップ〜

　2002年の日韓ワールドカップで日本代表を初めてベスト16に導いたのが、フランス人のフィリップ・トルシエ監督でした。彼は、フラット3（最終ラインのディフェンダーを3人横に並べる守備フォーメーション）を採用し、そのフォーメーションに選手をはめ込んでいくというスタイルを採用します。

　また、日常生活における細かな決め事も設け、選手たちの考え方や思想にまでアプローチしていきました。「やるべきこと」「やるべきタイミング」「やってはいけないこと」など、こと細かに指示し、要求する。そして、その要求に応えられる選手を選別したのです。

　2002年当時の日本代表には、このスタイルがマッチし、見事ワールドカップ予選リーグを突破するという偉業を成し遂げることができました。

　チームの主力であった中田英寿選手は、そのスタイルに対して「日本人にとっては、トルシエはわかりやすい監督だったと言える。俺の言うとおりにやれ、というわけだから、それに従うことに集中すればいい。本当に具体的に【これとこれをやれ】と指示が出るからね」（『中田英寿 誇り』小松成美著／幻冬舎）と語っています。リーダーとフォロワーの関係性がうかがえるコメントです。

支援型：ジーコ監督〜2006年ドイツワールドカップ〜

　ジーコ監督は、世界中の誰もが知るブラジルの名プレーヤーであり、選手時

代の経験をもとに選手の気持ちに寄り添うリーダーシップスタイルだったと言えます。できるだけ選手が快適に、楽しくサッカーをする環境を整えることが監督としての役割だという認識で、細かな指示をせずに自由にプレーするチームづくりをしました。そこには自身の選手としての経験がベースとしてあり、あれこれ指示せずに、できるだけ選手自身が自立して、自分で判断し行動（プレー）する。それこそがプロフェッショナルだという考え方です。

当時、代表選手として名を連ねていた山田暢久選手は「基本的に何も指示しない。自由にプレーさせてもらえる」という言葉を残しています。

しかし、結果は予選リーグで1勝もできずに敗退します。

こと細かな指示を受けてそのとおりにプレーする2002年のスタイルから、1つステップアップすることを狙いとしていた日本代表チームでしたが、まだそこまでの自立ができていなかったという分析ができるでしょう。

典型的な場面が第1戦のオーストラリア戦です。1－0とリードしていながら、後半の残り15分時点で1－1に追いつかれます。そのとき、チームとして引き分けを目指す、もう1点取って勝ちに行くという2つの選択肢がある状況で、11人の選手たちはそれぞれ違った意思を持ったまま、どっちつかずのプレーをしてしまいます。結果的に2点追加され、1－3で敗れます。

ジーコ監督の理想では、この場面でも選手たちが自主的に判断し、引き分けを狙うのか勝ちに行くのかを決めるべきだということだったのかもしれません。しかし結果的には決断することなく、そのまま反撃もできず、迷いの中でずるずると失点し、負けてしまうのです。ジーコ監督は、敗軍の将という、本人にとっても不本意な名前の残し方となってしまいました。

この場面、ベンチから監督のひと声があればチームはまとまったでしょう。しかしベンチが動いたのは、小野伸二というユーティリティープレーヤーの投入だけでした。「個」の主体性を求めるのであれば、「個」が自立し、自分で判断できるという前提があるべきです。その前提なしに主体性を求めるのは、酷な話です。

2006年の日本代表は、残念ながらその主体性をまだ持ち合わせていなかったのです。

> **参加型：イビチャ・オシム監督〜2006—2007年〜**

　オシム監督は、オシム語録をまとめた書籍が出版されたり、マスコミに頻繁に取り上げられたりしたことからもわかるとおり、多くの名言を残す監督でした。

　いくつかその名言を紹介しておきます。

　「肉離れ？　ライオンに襲われた野ウサギが逃げ出すときに肉離れしますか？」

　「日本人はシステム論議が好きらしいが、システムは保証でしかないことを理解したほうがいい。システムの奴隷になってはいけないのだ」

　「サッカーに最も必要なのはアイデアだ。アイデアのない人ももちろんサッカーはできるが、サッカー選手にはなれない」

　「今の日本の選手は、何をやるべきか周りから決められている。ある程度やったら『次、何やるんですか？』と聞いてくる。そうじゃなくて、自分で打ち破って進んで行くべきじゃないかな」（『オシム　知将の教え』児玉光雄著／東邦出版）

　プロとしての自覚を植えつけ、練習に練習を重ね、しかも「考えながら走れ」と伝え、常に頭をフル回転させるトレーニングを求めました。そして、チームとしての意志決定に選手たちが自主的に関わることを歓迎するという、参加型のリーダーシップスタイル。病気によって退任せざるを得ませんでしたが、あのままオシム監督のもとで日本代表が成長していく姿を見たかったと思う人は多いのではないでしょうか。

> **達成指向型：岡田武史監督〜1998年フランスワールドカップ　2007—2010年南アフリカワールドカップ〜**

　メンバーに極めて高い水準の目標を設定し、不断の向上を求めるという点で、オシム監督の跡を継いで2010年南アフリカワールドカップで2度目の指揮を執った岡田監督は、達成指向型と言えます。

　チームが大会直前になっても機能しないため、前任者のスタイルに沿って

やってきたことをかなぐり捨て、自分の色を前面に出すという決断をしました。「2010 ワールドカップ南アフリカ大会でベスト 4 に入って、世界を驚かせよう。これを真剣に本気でやってみないか？」という目標を選手に明示します。なかなか結果を出せないチームに対する世間の風当たりは厳しく、批判にさらされていましたが、この軸を変えませんでした。

　自分のやるべきことを着実にやっていくというスタイルは、多くの若手選手が自信をつけ、成長していくきっかけにもなりました。

（2）佐々木則夫・なでしこジャパン監督の“モチベーションマネジメント”

　2011 年の女子ワールドカップドイツ大会で優勝し、世界を驚かせた“なでしこジャパン”ですが、大会前にはいくつかの課題を抱えていました。

●身体の大きな欧米の選手に対して、どうしたら勝てるか？
●個々の選手が育っていくためには、どのようなアプローチをすればよいか？
●選手のモチベーションを保ち、上げていくにはどのようにコミュニケーションを取ればよいのか？

　こういった課題を 1 つひとつ克服していった佐々木則夫監督のリーダーシップがあってこその快挙だったとも言えますが、選手のモチベーションマネジメントという観点からも多くの示唆を得ることができます。それらを 3 つの面から検証していきます。

強いチームのつくり方

①野心的な目標設定

　チームを機能させるには効果的な目標設定が必要です。「世界チャンピオン」という野心的な目標を設定し、選手自らがそれを表明するように導きました。

②目標達成のための戦略と徹底

　身体が小さくフィジカルにも劣る日本人が、どうすれば欧米の選手に勝てるのか？　チームとしての戦略を設定し、選手たちの理解を深めていきました。さらに、強い信念を持ってコミュニケーションを継続していくことで選手たちに浸透させます。そして結果が出ることで自信に変わっていきました。

③適材適所

　チームの柱であった澤穂希選手を守備的 MF にコンバートすることは、1つの決断でした。このコンバートで澤選手は真の中心選手となり、チームが機能していくことになります。個々の適性を正しく認識し、適材適所を図ることで、チームの戦略が絵に描いた餅に終わることなく、着実に遂行されていきます。

④行動基準、コミュニケーション、リーダーの志・信念

　北京オリンピック（4位）後、一貫して選手の自立を促し「このチームでは、自ら考え、自ら行う」という行動基準を徹底しました。その結果、選手間の自主的な話し合いが頻繁に行われるようになり、コミュニケーションが活発になりました。最後の頃には選手たちが自発的にミーティングをしていたほどでした。

　また、野心的な目標や従来にない戦略を掲げたあとは、根気強く選手に伝え、最後まで揺らぐことなくチームを導いた佐々木監督には、強い志や信念を見て取ることができます。

選手の育成

①フィードバック

　佐々木監督は、ミーティングで伝えるべきことをしっかりと伝えることから始め、練習ではとにかく試合を意識したトレーニングを実践しました。伝える際には、パワーポイントで解説することもあれば、口頭で伝えることもあり、その時々によってさまざまな手法を駆使しました。選手が「できないよ」という反応を見せたとしても、監督が「必ずできる」という強い信念を示すことで、選手たちを動かしました。

第3章　スポーツ組織におけるリーダーシップ

　そして、実践したことを必ず選手本人に確認させます。このときにはビデオ映像を多用しました。映像は、選手たちがイメージしにくいプレーや理解しにくいプレーを伝える際にも、また、どれくらいできているか客観的なフィードバックを与える際にも威力を発揮しました。映像で客観的に見ることにより、理解のスピードと深さが違ってくるのです。

②継続学習

　なでしこジャパンでは、トレーニングの開始時にヘディングとスライディングの基礎練習を、トップ選手にも毎日必ず実施していたといいます。体格やスピードに勝る相手に打ち勝つための個々の守備力を養うためです。

　手足の長い相手選手に最後の最後でスライディングして身体を投げ出すことで、身体のどこかにボールを当てるかコースを制限します。すると相手は思うようなキックやクロス、シュートを打てなくなります。ヘディングでも、180cmを超えるような相手選手に競り勝つことはできないとしても、よいタイミングでジャンプすることで相手に自由にヘディングさせないことができるのです。

　ちょっとしたことですが、こうした積み重ね（継続学習）で、失点する可能性を限りなく低くすることができるのです。

［ モチベーションマネジメント ］

　佐々木監督は"監督ぶらない"監督だというのがメディアの評判でした。折にふれてオヤジギャクを取り入れるユーモアも有名で、選手たちからも「ノリさん」と呼ばれるほどに、「非常にフランクで一緒に戦っている感じ」「人間味があって優しい」人となりです。

　とにかく、女性アスリートを非常に上手くマネジメントした監督だと言えます。女子ワールドカップのドイツ大会に出発する前に、皆で前泊したホテルに有名テーマパークのキャラクターを呼んで激励会を開くなど、モチベーションを上げるのが本当に上手だったそうです。

　しかし、斬新な戦略や選手のコンバートについては、誰に何を言われようとやり通す強さがありました。柔と剛を使い分ける手腕も卓越していたのです。

● 65 ●

例えば、監督は最高責任者ですから、監督がスタメン組の練習や紅白戦を指揮し、サブ組はアシスタントコーチが見るケースがトップレベルのチームではほとんどです。ところが、佐々木監督はあえてサブ組の練習や試合をしっかりと見守り、スタメンに起用できるコンディションや成長を見せた選手はいつでも起用する。つまり、チーム全体に「見てもらっている」という安心感とモチベーションが与えられていたのです。

　2011年、ドイツワールドカップ準決勝のスウェーデン戦でスタメンに抜擢された川澄奈穂美選手は、グループリーグのイングランド戦の途中出場で好パフォーマンスを見せますが、あくまでサブというポジションでした。しかし、チームのために何ができるかを考えて常にハードワークを実践し、居残り練習も毎日のようにしていたことを監督はちゃんと見ていたのでしょう。結果は3－1で勝利し、そのうちの2得点を川澄選手が決めました。

　丸山桂里奈選手はドイツワールドカップの直前に代表選考キャンプに呼ばれ、最終メンバーに滑り込みます。グループリーグではあまり出番がありませんでしたが、決勝トーナメント初戦（準々決勝）のドイツ戦で後半に投入され、延長後半に決勝ゴールを決めます。

　「試合の途中から出て、おまえたちが勝負を決めるんだから」という言葉をサブ組の選手たちに毎日のようにかけていたことは、彼女たちのモチベーションを上げる重要な言葉がけだったに違いありません。

　極めつきは、決勝戦（対アメリカ）の延長で追いついたあとの、PK戦直前の様子でしょう。アメリカ代表の選手、監督の表情には悲壮感が漂う中、日本代表は円陣を組み、その中央で満面の笑みを浮かべている佐々木監督がいました。円陣を組むスタッフ、選手全員も笑顔でした。世界一を決める大事な瞬間にもかかわらず、この表情。「純粋に、アメリカという強豪相手にここまで頑張ったチームに、すごいなあと感心していたら自然に笑顔が出た」と、佐々木監督は振り返ります。自らが築いてきたチームの雰囲気を変えなかったことで、選手たちもリラックスしてPK戦に臨むことができたのです。

3 リーダーシップの実践

(1) リーダーの言葉が持つ力

　マイケル・ポランニーという学者は人間の知識について"知っていること"（暗黙知）と、"語ることができること"（形式知）があり、その乖離に問題があると指摘します。言い換えると、"知っていること"よりもそれを"語ることができること"のほうが少ないのです。

　プロスポーツの指導者（監督）で言うと、自分で積み重ねてきた経験やスキル、ノウハウ（暗黙知）は、一流の選手であったならば自分の中に知識として存在しているはずです。しかし肝心なのは、それをどうやって選手へ伝えるか（形式知化）なのです。それが指導者としての能力を大きく左右することになります（図表3-1）。

　前述のオシム監督は、伝えること（形式知化）に長けた監督だったと言えますし、違う競技の例では、野村克也氏も、さまざまな言葉で野球の神髄を選手に伝えていた監督でした。

　一橋大学名誉教授の野中郁次郎氏は、ポランニーの理論を組織的知識創造理論として発展させました。個人レベルの暗黙知から形式知への転換を組織レベルに置き換え、知識を4つの変換モードへ落とし込み、そのサイクルによって

図表3-1　リーダーの言葉の持つ力

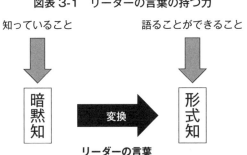

組織が知識を創造し蓄積していくと説明しています。

毎日一緒にプレーしている者同士では、「暗黙知→暗黙知」という共同化が起きます。それが、ミーティングで指導を受けることで形式知へ言語化（表出化）される。時には言語化された知識と知識が結びついて（連結化）、新しい知識が生まれることもあるでしょう。そうした新しい知識は、試合の場面で個々の選手によって試され、新たな暗黙知として選手の身体に染みついていきます（内面化）。

このサイクルがチームで回り始めれば、自主的に活動する選手たちによってチームは成長の軌道に乗ることができるのです（図表3-2）。

図表3-2　組織的知識創造のサイクル

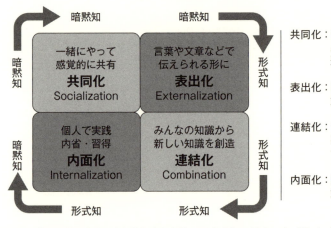

出典：『知識創造企業』（東洋経済新報社／野中次郎、竹内弘高 著）より作成

（2）組織文化の創造

どのような組織にも固有の"組織文化"があります。それを定義するならば、「いつしかメンバー間で共有されるに至った、伝統・風習・ものの考え方や感じ方・価値観・暗黙の行動規範等の総称」となります。

組織文化の特性として、以下の7つが挙げられます。

●革新およびリスク性向

　　リスクをどの程度許容し、そのリスクを抱えるチャレンジをしていけ
るか？

　　また、組織を変革することに対する許容度や姿勢がどれくらいあるか？

●細部に対する注意

　　ルール（規則・ノーム）をどの程度決めるか？

●結果思考

　　組織にどの程度（レベルとスピード）の結果が求められるのか？

●メンバー重視

　　メンバーの育成ややり甲斐をどの程度優先するのか？

●チーム重視

　　チームの結果やパフォーマンスをどの程度優先するのか？

●積極的な態度

　　チャレンジに対する姿勢、失敗に対する許容度

●安定性

　　チーム（組織）の安定をどの程度求めるか？（変化の対義語として）

　また、スティーブン・P・ロビンスによると、組織文化には以下のような機
能が認められると言います（『組織行動のマネジメント』ダイヤモンド社）。

●１つの組織と別の組織の区別を生み出す。

●組織のメンバーにアイデンティティの感覚を伝える。

●個人の趣味を超えたもっと大きなものへの関与を促進する。

●社会システムの安定性を強化する。

●組織の結束に貢献する社会的接着剤となる。

●メンバーの態度や行動を形成しガイドする管理と意味づけのメカニズム
　となる。

　さらに、社会心理学者のエドガー・H・シャインは、図表3-3にあるように
組織文化を３つのレベルに分類してとらえることができるとしています（『組

織文化とリーダーシップ』E・H・シャイン著／ダイヤモンド社)。

図表 3-3　組織文化の 3 つのレベル (E・H・シャイン)

レベル 1	人工物と創造されたもの	目に見える形として表出している	獲得してきたトロフィー賞状数々の功績文字等で表されたチームのスローガン
レベル 2	価 値	個人のレベルで"どうあるべきか"と感じる	スポーツを通じた人間的な成長社会への貢献フェアプレー等
レベル 3	基本的仮定	当たり前と受け取られている無意識	スポーツの純粋な喜び実力主義成果主義勝利=善

（縦書きラベル：形式知／暗黙知）

〈レベル 1〉

　組織が獲得したトロフィーや賞状など、目に見えるレベルのもの。技術的な成果であったり、文字で表現されたり口頭で伝えられたりする言葉、メンバーの明白な行動など。企業で言えば、社是や社訓がこれに相当します。

　シャインは、このレベルを「人工物と創造されたもの」と名づけており、「形として表出している」ものとも定義しています。

〈レベル 2〉

　個人のレベルで「どうあるべきか」と感じるもの。フェアプレーをすべき、あるいは社会貢献をすべきといった価値観がこれに当たります。形にはなっていなくとも、メンバーが「こうだ」と自覚しているレベルであり、シャインはこれを「価値」と名づけています。

〈レベル 3〉

　その組織の文化でありながら、メンバーにとってはあまりにも当たり前で、

それが何か特別なものだという自覚を伴わない無意識のレベル。シャインは、これを「基本的仮定」と名づけています。組織文化とは自然発生的にメンバーが共有するものなので、本質はこのレベル3にあります。

シャインは同書の中で、このように述べています。

「組織文化はリーダーによって創造され、そしてリーダーシップの最も決定的な機能の一つが文化の創造であり、文化の管理であり、必要とあらば、文化の破壊なのである。」

つまり、組織の中に悪しき文化が存在する場合には、変革を起こさなければならないということです。その際には組織文化を破壊し、新たな文化を創造することがリーダーの役割です。変革を起こすリーダーは、図表3-4にある4つのプロセスを経て実践していくとしています。

図表3-4　変革のリーダーシップ

> **1. ビジョン**
> ビジュアルな大きな絵、すなわち、目指そうとする状態を描く
>
> **2. アジェンダ設定**
> その絵の実現に向けて、緻密なアジェンダ項目へおとしていく
>
> **3. ネットワーク構築**
> 人々を巻き込んでいく
>
> **4. エクセキューション**
> 最後までとことんやりぬく

出典：『組織改革のビジョン』（光文社／金井壽宏 著）より抜粋

（3）コンフリクトへの対処

人が2人以上集まり、組織として1つの目的に向かうとします。そのときにアプローチや考え方、価値観が異なるのはよくあることです。時には意見が衝突して反目し合う、あるいはそこから感情的な対立つまりコンフリクト（葛藤）が生じることもあります。

さらにこれを大きく2つに分類すると、組織内の階層的な構造、つまり上下

関係で生じる垂直的コンフリクトと、同じ階層内の部門間もしくは組織や部門を構成する"個"の間で生じる水平的コンフリクトに分けることができます。

コンフリクトには、組織内の同じ階層で起こる水平的コンフリクトと、上下関係で起こる垂直的コンフリクトの2種類があります（図表3-5）。

図表3-5　組織内の2つのコンフリクト

◆**垂直的コンフリクト**
　　◆組織内の上下関係から生まれるコンフリクト
　　◆監督と選手
◆**水平的コンフリクト**
　　◆組織内のヨコの関係（社員同士・部署同士等）から生まれる
　　　コンフリクト
　　◆選手同士

スポーツの世界、特にチームスポーツにおいては、コンフリクトは日常的に発生するものです。そのコンフリクトに監督がどう対処するかによって、チームの成果は大きく変わってきます。そこで、監督（コーチ陣を含む）と選手の間に生じる垂直的コンフリクトと、選手同士で生じる水平的コンフリクトに分けて見ていくことにしましょう。

監督と選手の垂直的コンフリクト

チームの監督と選手は目的を共有（チームの勝利）しているにもかかわらず、コンフリクトが生じることが普通です。選手は、プロとして自分が出場してプレーした上でチームが勝つことが重要ですが、監督にしてみれば、チームが勝つことが最重要だからです。

起用方法、コミュニケーション、展開するサッカーの戦術、プロとしての考え方など、さまざまな点で垂直的コンフリクトは発生します。

垂直的コンフリクトに対する選手側の選択肢

垂直的コンフリクトに直面した選手は、どのような行動を取るのでしょうか。

第3章　スポーツ組織におけるリーダーシップ

　アルバート・O・ハーシュマンは『組織社会の論理構造』（ミネルヴァ書房）
の中で、組織と個人の関わりについて「退出（exit）・発言（voice）・忠誠心
（royalty）」の3つの選択肢を示しています（図表3-6）。

　組織を構成する"個"が、組織の変革や進化のプロセスでストレスを感じる
（コンフリクトが生じる）ことがあった場合、組織から離れてしまう（退出）、
あえて組織のために意見を言う（発言）、組織への愛情を根拠にとどまる（忠誠
心）という、3つの選択肢があるとしています。

図表3-6　コンフリクトに直面した選手の3つの選択肢

1. 退出（Exit）
　　組織から離れる！

2. 発言（Voice）
　　あえて組織のために意見を言う！

3. 忠誠心（Royalty）
　　組織への愛着を根拠にとどまる！

選手同士の水平的コンフリクト

　ジーコ監督に関する記述でも紹介しましたが、2006年のドイツワールドカップ
初戦、対オーストラリア戦で、日本代表は前半1 - 0でリードするものの、
後半の残り15分で同点に追いつかれます。

　その時点で、勝ち越し点を取りに行こうとする攻撃陣と、引き分けでも初戦
はOKだという守備陣で考え方が分かれます。試合が進行している最中の意
思疎通には難しいものがありますし、しかも非常に暑い中での試合でした。結
果的にチームはちぐはぐな状態に陥り、さらに2点を失い1 - 3で敗れます。

　守備の選手と攻撃の選手の、試合展開や大会を勝ち進んでいくための考え方
の相違（コンフリクト）が大きな問題となった試合でした。

コンフリクト5つの解決方法

　コンフリクトの存在は、良好なチームワークという面からは有害と考えられ

ます。しかし先にも触れたように、より密度の高いコミュニケーションを図る
きっかけにもなり、組織に変革を起こす契機ともなるもので、マイナス面ばか
りではなくプラスの影響があるという事実も忘れてはなりません。

　では、リーダーとしてコンフリクトに適切に対処するにはどうすればよいの
か。ローレンス＆ローシュは、次の5つを挙げています。

①問題直視

　最も建設的な解決方法。原因を精査し、原因を取り除き、対立している者同
士を協力関係に導き、WIN - WIN の関係を築き上げられるような解決策を考
えます。

②回避

　最も消極的な解決法であり、問題を先送りするだけで何の解決にもつながり
ません。

③強制

　どちらかが自分の主張を通すことによって、もう一方の主張を押さえつける
解決法。垂直型コンフリクトでは、組織内における階層（権威）やパワー（権力）
を使うことで強制という解決法で押さえつけることが一般的に行われます。た
だし、強制は根本的な解決法ではありません。

④宥和

　譲歩とも言い換えられますが、相手の主張に対し譲歩するアプローチであり、
決して納得して受け入れることではありません。したがって、この解決法も本
質的な問題の解決にはなりません。

⑤妥協

　対立している両者が互いに譲り合って妥協点を見いだし、コンフリクトを解
消していくアプローチ。しかし、この解決法でも双方ともに満足することはな
く、両者ともに不満が残ります。

（４）モチベーションを喚起する

　モチベーションとは動機づけのことであり、英語で表現すると「主語 +be 動詞 + 動詞の過去完了（motivated）by 〜.」であることからもわかるように、何らかの要因から影響を受けて上がったり下がったりするものです。"やる気"と表現することもできますが、やはり"動機づけ"としたほうが意味は近いでしょう。

　このモチベーションの要因には、外発的モチベーションと内発的モチベーションの２つがあります（図表3-7）。

外発的モチベーション

　外からもたらされる賞賛や経済的な報酬など、目に見える形で与えられたものが要因となる場合のモチベーションです。しかし一方で、このモチベーションは維持するのが難しい。経済的な要因も、人間の欲によってどんどん求めるレベルが上がりどこまで行っても満足できなくなるからです。

内発的モチベーション

　自分の中にある、自分にだけわかるものを要因とするモチベーションです。"やりがい"などがその要因にあたります。イチロー選手が、あれだけの社会的な名誉や賞賛、経済的な報酬を得ながら、高いレベルでモチベーションを維持し続けられるのは、この内発的モチベーションが高いからだと言えるでしょう。

　別の見方をすれば、以下の３つのモチベーションがあるとも言えます（Ｄ・

図表 3-7　モチベーションの要員

・外発的モチベーション〈個人の外にあるもの〉	・内発的モチベーション〈個人の内にあるもの〉
－経済的報酬	－プレーすること自体の楽しみ
－他者からの賞賛	－向上心
－組織内での昇進	－自己実現
－地位	－達成感
－名誉	－有能感

マクレランドによる)。

- ●達成動機──何か高い目標を設定し、そこへ到達しようと努力すること
- ●親和動機──他の人からよく見られたい、周囲の人と交わりたいという動機
- ●勢力動機──成功することにより、他の人々や社会に影響を与えたいという動機

さらに、組織の設定する目標がメンバーのモチベーションにも大きく影響を与えるとする、エドウィン・A・ロックによる「目標設定理論」があります。

①目標の困難度
②目標の具体性
③目標へのコミットメント

①目標の困難度

目標のレベルが自分の手の届かないところにあったり、極端に簡単なものだったりすればモチベーションを下げることになります。したがって、そのメンバーや組織の能力を少しだけ上回るレベルに困難度を設定することが、モチベーションを上げる要因となる、というものです。"やりがいの基準"とも表現されています。

②目標の具体性

いつまでに、何を、どうやって達成すればよいかを具体的に明示することが重要だということです。逆にすべてが曖昧だと、メンバーのモチベーションを下げることになります。

「Do your Best(頑張れ)パラドクス」と呼ばれる説があります。「頑張れ」という言葉は、他者がその当事者を励ますべくかける言葉です。しかし、もしも当人が今できることを精一杯やっている状況だとすればどうでしょう。その状況で「頑張れ」という声かけをすることが、さらにその当人を追い込む(苦しめ

る）ことになり、結果的にモチベーションを下げる可能性があるということです。

③目標へのコミットメント

　その目標をなぜ自分たちが今達成しなければならないかを理解し、積極的に取り組むことができれば、モチベーションを最大化することができます。ところが逆に、なぜ自分たちがその目標達成に取り組まなければならないかを理解できなかったり、自分事にできなかったりする場合には、モチベーションは下がり、組織としての目標達成も限りなく難しい状況になるということです。

（5）ティーチングとコーチング

　組織における指導（育成）には、大きく分けてティーチングとコーチングがあります。スポーツチームにおいても同様です。

　先達が保有しているスキルやノウハウを「教え授ける・身につけさせる」のがティーチングです。したがって指導する側が主体となります。経験の足りないメンバー、基礎ができていないメンバーには、基礎・基本をしっかりとティーチングする必要があるのです。

　しかし、ある程度力がついてきたメンバーに対しては、いつまでも指導する側が主体のティーチングでは限界があります。メンバー側が自分の意志で学び取っていく姿勢がなければ大きな飛躍は見込めません。そこで必要になるのがコーチングです。

　コーチングとは、メンバーの潜在能力を引き出し、主体的・自発的な行動を促す指導方法です。あくまでも学ぶ側、つまりメンバーが主体であり、指導する側はそれを支援する立場を取ります。また、コーチングでは指導する側が正解を示すことを控え、「その人が必要とする答えは、その人の中にある」という前提で、指導者がうまく本人から答えを引き出すことが大事なポイントとなります。

　現在、教育界で普及が急がれているアクティブラーニングは、まさしくこのコーチングのアプローチと同じです。学ぶ側が主体となって、先生役はあくま

でもファシリテーターに徹する。この、主体がどちらにあるかというポイントが、ティーチングとコーチングの大きな違いです。

ただし、コーチングを主体としたときに、ただ単に傍観しているだけで何もしていない状態になることも多々あります。これはコーチでもティーチでもなく、ただの放置です。基本的な知識・技術の段階ではある程度のティーチングが必要であり、時には強制も必要なのです（図表3-8）。

図表3-8　コーチング・ティーチングマトリクス

サッカーの練習でも、基本技術の習得にはある程度の繰り返し（回数×時間）が必要です。面白い練習ばかりとは言えないのですが、やらなければならないことは必ずやらせるという姿勢も、指導者には必要です。要するに、コーチングとティーチングはどちらも重要な要素だということです。

事例として挙げた、なでしこジャパンの佐々木監督や、日本代表の岡田監督、湘南ベルマーレの曺監督などは、この両者をうまく使い分けている監督です。自分が主体となって教え伝える部分と、選手が主体となった自力で前進していく部分。この両方のさじ加減が指導者としての力量だと言えるでしょう。

第4章
スポーツマーケティング

マーケティングの定義とスポーツにおける
マーケティングについての解説

　スポーツの世界におけるマーケティングを理解するにあたっては、まず"マーケティング"という言葉の定義を明確にしておくことが大事です。さらに、その定義に基づいて、スポーツビジネスの世界ではどのようなマーケティング活動が行われているのか、その特徴はどういうところにあるのかを、具体的な事例を挙げながら解説していきます。

マーケティングの定義

　マーケティングという言葉には非常に広義の意味があり、さまざまな学者が定義をしています。しかし、文字で理解するのは少々難しいため、ここではマーケティングを恋愛にたとえた図表を用いて説明していきます。

　趣味嗜好など相手のことを知って、そこにアクションを仕掛けて成就するというプロセス（図表4-1）。これが、リサーチをして商品をつくって、プロモーションをして購買活動につなげるというプロセスと全く同じです（図表4-2）。

　このようなプロセスをくるくる回していくのがマーケティングだという理解をしてもらうことから始めていきましょう。

　マーケティングの当事者を本人にたとえて、購買してほしい対象・相手を恋愛の相手と仮定します（図表4-1）。

　恋愛を成就させるには（少なくとも、お茶やデートに行くところまでこぎつけるには）、相手に関心や好意を持ってもらう必要があります。そのためには、自分の存在を知ってもらわなければならないし、自分の長所をアピールする必要があるかもしれません。

　また、相手の好みや活動範囲、趣味などを事前に理解しておけば、相手が興味を持ちそうなネタを元に会話を始めたり、デートに誘ったりすることができるでしょう。この相手の好みや活動範囲、趣味などを事前に理解することが、

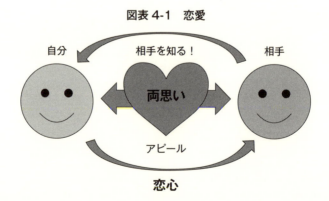

図表4-1　恋愛

マーケティングで言うマーケットリサーチに当たります。

そして、自分の存在を知ってもらったり長所をアピールしたりすることが、販売促進活動であったり広告宣伝活動であったりするということです。

もちろん、自分自身に磨きをかけることが大前提ですが、一度でもデートにこぎつけられれば何度もデートをしたくなります。そのためには努力と工夫をしなければなりません。いわば、相手にロイヤルカスタマーになってもらわなければならないのです。

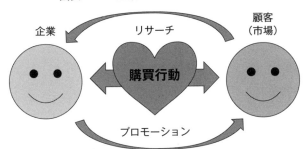

図表 4-2　企業のマーケティング活動

こうした、恋愛に必要な一連のプロセスは、そっくりそのまま企業のマーケティング活動と同じです（図表4-2）。

企業側は市場（顧客）に対して、どのようなニーズがあるのか、どのようなまだ判然としていない市場があるのかどうか、それらを情報収集（マーケティングリサーチ）します。その情報をもとに製品やサービスをつくり、情報をマーケットへ提供しながら市場（顧客）との接点を持ちます。そのコミュニケーション課程において、なんとか相手の気持ちをつかもうという努力をしていく。このプロセスがマーケティングとなります。

「マーケティングの定義」となると堅苦しい言葉遣いとなり、納得するのは難しいと思いますが、こうして身近な恋愛にたとえるとわかりやすいのではないでしょうか。

2 スポーツにおける マーケティングとは

　マーケティングの定義を理解したところで、ではスポーツマーケティングとは何でしょうか。その話に入る前に、簡単な事例をいくつか見てみることでマーケットの仕組みを理解していきます。

　簡単に言うと、以下の３つを明確にすればマーケット（市場）もわかりやすくなります。

　　●売り手
　　●買い手
　　●商品（サービス）

　売り手と買い手、さらにどんなサービスがあるのか。ステークホルダーを挙げていくかどうかで迷うところですが、プロスポーツチームを売り手としたら、買い手はファンだけではありません。スポンサーシップであれば企業だし、放映権であればテレビ局。そういう意味ではメインの収入源はこの３つになります。つまり、チケット、スポンサー、放映権が３大収入源です。

（１）スポーツにおけるマーケット①

　そこで、売り手が誰か、買い手が誰かをシンプルにもう一度明示して、誰が

図表 4-3　スポーツにおけるマーケット①

プロスポーツチーム（クラブ・球団）の場合			
	売り手	商品・サービス	買い手
A	プロスポーツチーム	チケット（試合観戦経験）	ファン・サポーター
B		グッズ	ファン・サポーター
C		スポンサーシップ	一般企業
D		試合 TV 放映権	リーグ（J リーグ）／テレビ局（野球）

第4章　スポーツマーケティング

誰にマーケティングをしているのかを確認していきます。

　図表4-3〜4-5を参考に、マーケットの仕組みを分類しながら学んでいきましょう。

A／プロスポーツチーム／チケット(試合経験)／ファン・サポーター(潜在も含む)

　これは、観戦体験の購入という流れです。先ほど述べたように、プロスポーツチームの3大収入源は以下の3つで、世界のどこへ行ってもこの仕組みは共通です。

　　①チケット収入(入場料収入)
　　②スポンサーシップ収入(広告料収入)
　　③テレビ放映権収入

　Aというマーケットにおいては、購買者(ファン・サポーター)が何を購入しているのかを考えなければなりません。チケットはあくまでも試合を観戦する権利を形にしたものであり、買い手であるファン・サポーターが期待するのは、大きくまとめて表現するならば「観戦での体験」なのです。

　そこでチケッティングに関しては、お金を出す買い手が何を購入しているのか、何を求めているのかを、以下にリストアップしてみます。

プロスポーツチームに買い手 (ファン・サポーター) の期待する観戦体験

●チームの勝利
●チームのパフォーマンス
●選手個人のパフォーマンス
●スタジアムの雰囲気
●スタジアムでの応援体験
●スタジアム周辺でのイベントなどへの参加体験
●スタジアム周辺での試合後のひととき　など

　買い手である観戦者が求めるものはさまざまです。チームの勝利であったり、

ひいきの選手だったり、スタジアムの雰囲気や応援、飲食店や売店、関連イベント、友達との触れ合いなども含まれます。この、いろいろあるのが難しいところで、チケットを1枚売ったとしても、そこに求められるのは十人十色、10人いれば10の可能性があります。それがスポーツビジネスの素晴らしさでもあり、難しさの原因でもあります。

　また、スタジアムの雰囲気はスタンドを埋め尽くすファン・サポーターがつくるものでもあり、買い手にもかかわらず、実は商品やサービスの提供側の一員でもあります。この点も、スポーツビジネスの大きな特徴の1つであると言えます。

B／プロスポーツチーム／グッズ／ファン・サポーター

　このマーケットは非常にシンプルで、チームを応援する人々に関連する商品も購入してもらおうというものです。あくまでもチケット収入が主なマーケットではあるものの、それに加えて関連するサービスや商品を提供するという仕組みです。

　ただし、観戦体験の購入に付随する非常に重要なマーケットであることも忘れてはなりません。オンラインショッピングで購入できる仕組みも当然ありますが、試合会場での販売が大きな流通経路であることは間違いなく、応援グッズがメインということを考えれば、買い手の観戦体験に大きな影響を与える要素にもなります。

　このグッズというのは、商品開発したりプロモーションしたりというのが非常に難しい。在庫がクラブにとっては大きな荷物になるからです。いかに在庫を持たないかが重要ですが、かといって商品が売り切れると買えない人が存在することになります。そのバランスを取るのが非常に難しいのです。また、ものによっては、そのシーズンにしか売れないグッズもあるので、そのあたりも難しいところです。

　在庫は、クラブ自体が持っている場合もありますが、委託しているほうが多いようです。当然、在庫リスクを抱えるほうがリターンは大きいのですが、ロイヤリティ商売のほうが安全性は高い。ただ間違いなく言えるのは、「勝てば売れる」ということ。もちろん負ければ売れない。これだけは揺るぎないプロスポーツ業界の真理なのです。

第4章　スポーツマーケティング

C／プロスポーツチーム／スポンサーシップ／一般企業・行政

　スポンサーシップ（広告料収入）は、高額なものでは選手が試合で着用するユニフォームの胸や背中のロゴがあります。ほかにも、グラウンド周りやスタンドなどの広告スペースへ企業名などを掲出する、あるいはウェブサイトでのバナーを張るなどの権利を売る、権利ビジネスです。こうしたプロスポーツチームの持つ媒体（メディア含む）での露出機会を提供する対価として、現金や現物（サービス：注1）を得る仕組みがCの分類に入ります。

　このマーケットの特徴は、金額の換算が非常に難しいことです。とあるJリーグクラブの経営者は「地域から浄財をいただいている」という正直な言い方をしています。一方でJリーグのビッグクラブは、「これだけの価値があるんだから、いくらだ」という言い方をします。いずれにせよ、その価値を測ることが非常に難しいものなのです。

　スポンサーシップをさらに分類すると、企業側の目的によって以下の3つに分けられます。

　　①広告価値目的
　　②CSR目的
　　③支援目的

①広告価値目的

　スポーツチームへの広告料を支払うことで、さまざまな露出とそれによる広告効果を目的とするスポンサーシップです。スポーツビジネスとしてはあるべき姿であり、この露出と広告効果を最大化することがスポーツチーム側のミッションとなります。

②CSR目的（Corporate Social Responsibility；企業の社会的責任。営利事業以外に、どのような価値を社会へ還元しているかという考え方。企

注1　VIK（Value In Kind）と呼ばれる。現金ではなく、その広告価値に見合うだけの現物やサービスを露出の対価として提供してもらう仕組み。

業価値の１つの指標となる）

　企業側が本業であるビジネスで利益を上げる中、何らかの形で社会へ貢献することが昨今は求められています。その一環として、地域のスポーツチームを通じて地域貢献活動を行うために必要な資金を供出する目的でのスポンサーシップがあります。プロスポーツチームの地域貢献活動は、企業のこうした資金を使って行われるのがほとんどです。つまり、地域のために頑張っているスポーツクラブへの一種の寄付金ということです。

③支援目的

　採算の取れているチームばかりではないのがＪクラブの現実です。J2やJ3を見ると、事業としては厳しい環境に置かれているクラブが多く、地域の企業にスポンサードをお願いすることになります。先に挙げたＪリーグクラブ経営者の「浄財をいただく」という表現があったように、寄付金的な意味合いで出資してもらうというのが、この支援目的と言えるでしょう。

　ただし、前述したVIK（Value In Kind）の方法もあります。選手に対して現物支給をするという支援です。例えばレストランならばタダで食事させてあげる。理容院ならばタダで髪を切ってあげる。そういうスポンサーが、特に地方のJ2やJ3に行くと非常に多いのです。でも、これがクラブにとってみれば非常にありがたい支援なのです。地元企業というよりも地元の個人商店などが支援してくれる場合が多いのですが、こういうスポンサーシップが実際にあります。

　①、②はギブアンドテイクの形ですが、③はギブのみです。しかし「オラがチーム」といった満足感がもたらされるということでしょう。ただ、③の場合は「プロスポーツなのか？」という疑問も生じます。プロという定義はなかなか難しいのです。Ｊリーグとしては統一契約書があるので、その契約を交わしている選手はプロとみなします。金額もその契約書に入っています。

　この支援目的というスポンサーシップの存在の陰には、Ｊのクラブが54チームに増えていることもあるかもしれません。地域に根差すチームが確実に広がっている証しであるとも言えるかもしれません。

第4章　スポーツマーケティング

入り口として支援目的で始まり、徐々にチームの提供する価値を高めていき、広告価値のあるスポンサーシップへ昇華していくことが、スポーツチームとして必要な努力だと言えるでしょう。

D／プロスポーツチーム／試合テレビ放映権／テレビ放送会社

スポーツと放映権の販売に関するマーケティングです。ヨーロッパやアメリカでは、このマーケットがスポーツチームにとって最も大きな収入源となっています。

売り手と買い手の分類という意味では、以下の3つの流通パターンに分類できます。

①リーグによる包括的な販売（イギリスプレミアリーグ、Jリーグ、アメリカ4大スポーツなど）
②個別チームによる販売（日本プロ野球セントラルリーグなど）
③①と②のミックス（イタリア セリエ A、リーガなど）

さらに今後はいろいろなケースが想定されます。インターネットの放映権も発生してきており、パシフィックリーグマーケティングという会社がパリーグのオンライン放映権に関してのみ取り扱うというビジネスケースも出てきました。BS や CS 放送なども含めて新たなメディアも増えているので、その放映権に関するビジネスも広がっています。

また、2017 年から J リーグは DAZN（ダゾーン）と、B リーグはスポナビ TV と契約したように、今までのような地上波や衛星放送などの放送会社だけではなく、オンラインでコンテンツ配信する新たな形の放映形態が出現し、このマーケットの仕組みが大きく変わろうとしています。DAZN とはイギリスのパフォームインベストメント社の提供するオンラインコンテンツ配信サービスです。2017 年から J リーグと 10 年契約を締結しています。

日本における放映権の枠組みは、現状ではプロ野球のやり方と J リーグのやり方に大別できます。この 2 つを比較検討してみるのがいちばんわかりやすいでしょう。J リーグはなぜ一括なのか。プロ野球はなぜ個別なのか。それぞれ

● 87 ●

のメリットデメリットも含めて考えてみます。

　プロ野球の場合は、人気のあるチームが多くの放映権料を得ます。かつては巨人の主催試合は1試合あたり1億円と言われていました。同時期のパ・リーグは数百万円だったとも言われています。つまり、持てるクラブはますます儲かり、持たざるクラブはますます貧する。それが戦力格差にもつながってしまうという悪循環がありました。

　巨人のV9などはその典型かもしれませんが、一人勝ちのチームができてしまうというデメリットがあり、リーグ間の格差も広がってしまいかねません。

　Jリーグはそれを反面教師としたかどうかわかりませんが、戦力均衡を図るために放映権は全体で管理するやり方を採りました。ほんの少しだけ傾斜をつけましたが、基本的には公平に分配する方式でした。

　ただし、今回のDAZNとの契約から大きく傾斜をつけることにしています。チャンピオンチームの賞金がこれまでの約10倍の金額になるそうです。つまり、強いチームをさらに強くして、アジアの中で勝たせたいという目的が背景にあります。そのために傾斜をつけて、戦力均衡とは逆の方向に舵を切ることになりました。

　Jリーグは、これまでは戦力均衡のために共存共栄のスタイルでした。つまりチームが強くても弱くても大した差がなかった。いわば護送船団方式です。それを、より強いチームをつくるために競争原理を働かせるという、次のステージにJリーグは入ったということです。

（2）スポーツにおけるマーケット②

　図表4-4は、売り手がプロスポーツチーム以外の場合のスポーツマーケティングという観点でまとめたものです。スポーツマーケティングを広義にとらえると、こういったメーカーや企業も入ってきます。

　その中でも、スポーツマーケティングに関してやはり長けているのはスポーツメーカーです。したがって、典型例としてアディダスを取り上げました。簡単に言えば、スポーツメーカーがサッカー選手や日本代表などを使ってマーケティングするというスタイルです。

第4章 スポーツマーケティング

図表4-4 スポーツにおけるマーケット②

	売り手	商品・サービス	買い手
	スポーツメーカー・一般企業の場合		
A	スポーツメーカー	レプリカシャツ・シューズなど	ファン・サポーター
B		スポーツ用品	一般消費者
C	一般企業	自社商品・サービス	ファン・サポーター
D	スポーツイベント	スポンサーシップ	ファン・サポーター
E		テレビ放映権	TV局
F	スポーツ施設	施設命名権	一般企業

A／スポーツメーカー／レプリカシャツ・シューズ等／ファン・サポーター

　Aの流れの代表的な例が、アディダス・ナイキ・プーマ・アンダーアーマーなどのスポーツメーカーが、サッカーワールドカップへ出場する国の代表チームに対して行うスポンサーシップです。これはマーケットでの販売促進のためでもあります。

　2014年ブラジルワールドカップにおいてアディダスジャパンが仕掛けたマーケティングは、日本代表を応援するファン・サポーターに代表のレプリカシャツを販売するためのものでした（図表4-5）。

図表4-5　2014年ブラジルワールドカップ── adidas Japanのマーケティング

キャッチ（グローバル）	All in or nothing
2014 ユニフォームコンセプト	円陣
2014 ユニフォーム ビジョン	日本全国でユニフォームを着て応援する文化を定着させる
施策	パブリックビューイング 日本全国100ヵ所で実施
	ファミリーマート・みずほ銀行のスタッフが着用
	円陣ガールのフラッシュモブ
	SHIBUYA109 コ・プロモーション企画
	全社的プロジェクトチーム編成

出典：東洋経済online『W杯で「ユニホーム女子」が増えたワケ』（2014年7月30日）より

B／スポーツメーカー／スポーツ用品／一般消費者

　このマーケット事例は、スポーツに限らず一般的なマーケティングと同じ理屈と仕組みになっています。例えばユニクロがスポーツウエアをつくっていたというのは、テニスの錦織選手が契約して着るまでは知らなかった人が多かったのではないでしょうか。それが、錦織選手がユニクロのウエアを着て競技をすることで、今やユニクロもスポーツメーカーという分類でも認識されるようになりました。

　これは、競技者はもちろんですが、一般消費者に対しても訴求するという、錦織選手を使ったマーケティングと位置づけることができます。錦織ファンではなくても、スポーツをやりたい人に買ってもらえる、あるいは街着としても着てもらえるというものです。スポーツ用品をファンではない人にも訴求するというマーケティングと言えます。

　ナイキのバスケットボールシューズ　エアジョーダンなども、バスケットボールをプレーしない人やバスケファンでもない人にまで訴求したという意味では、スポーツメーカーの一般消費者に向けたマーケティングの典型例でしょう。EXILE を使ったアディダスのジャージの CM なども、一般消費者向けのイメージマーケティングかもしれません。

C／一般企業／一般消費財／ファン・サポーター

　この事例は、スポーツビジネスとしてはスポンサーシップと呼ばれるものです。スポーツと関係のない企業がアスリートやチーム、イベントなどのスポンサードをすることによって、そのスポーツのファンやサポーターたちと接点を持ち、その接点を活用して販売促進していこうとする仕組みです。

　Ｊリーグは、明治安田生命とスポンサーシップ契約を締結していますが、明治安田生命としては生命保険への加入者増が最終的な目的であり、Ｊリーグとの契約によりＪリーグに関わるすべての人（ファン・サポーター）に対するタッチポイントを持つことが目的となります（2015 年から 2018 年の 4 シーズン、明治安田生命保険相互会社とＪリーグはリーグタイトルスポンサー契約を締結。http://www.meijiyasuda.co.jp/profile/news/release/2015/pdf/20150501_01.pdf）。

　ほかにも、ヤマダ電機などのスポーツと全く関係のない企業が、スポーツを通じて自社の商品サービスをサッカーファンやサポーターに届けたいという

ケースなども数多くあります。主たる目的は知名度の訴求です。ヤマザキナビスコカップからルヴァンカップに変わりましたが、これもサッカーとは全く関係ないけれども、知名度アップに寄与した例です。

D／スポーツイベント／スポンサーシップ／ファン・サポーター

　オリンピックや FIFA ワールドカップがわかりやすい事例となります。東京マラソンなどもそうですが、スポーツイベントを通じて自社製品の PR をしたいという狙いがあるものです。

　スポーツメーカーはもとより、一般企業もオリンピックのゴールドスポンサーなどに名乗りを上げています。グローバルな露出を確保できる大きなスポーツイベントのスポンサーシップ権はとんでもない高額ですが、それでも露出効果・宣伝効果があるということなのです。

E／スポーツイベント／テレビ放映権／テレビ局

　こちらも、限られた時間でのスポーツライブというコンテンツの特性上、非常に多くの視聴が見込めるため、高額でその権利が取引されます。

図表 4-6　オリンピック放映権推移

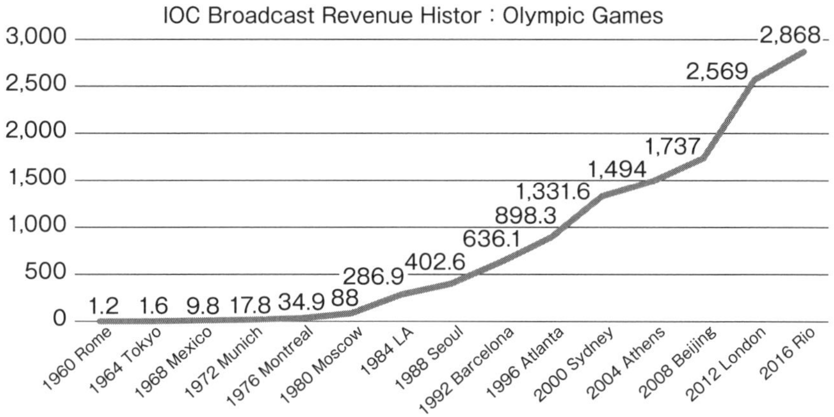

IOC Broadcast Revenue Histor：Olympic Games

年	金額
1960 Rome	1.2
1964 Tokyo	1.6
1968 Mexico	9.8
1972 Munich	17.8
1976 Montreal	34.9
1980 Moscow	88
1984 LA	286.9
1988 Seoul	402.6
1992 Barcelona	636.1
1996 Atlanta	898.3
2000 Sydney	1,331.6
2004 Athens	1,494
2008 Beijing	1,737
2012 London	2,569
2016 Rio	2,868

（単位は million dollars）
IOC Olympic markeGng fact file 2017 より

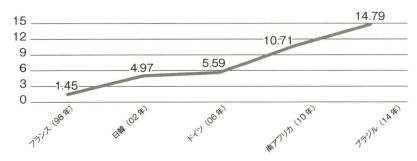

図表 4-7　FIFA World Cup 放映権推移

参考資料：日経新聞「巨大スポーツ組織、FIFA の姿」

F／スポーツ施設／施設命名権（ネーミングライツ）／一般企業

　今となっては事例に事欠かない、施設運営に当たっての貴重な収入源となっている命名権です。

　施設側にとってみれば、プロスポーツなどの興行を開催することで、開催場所として名前の露出が期待できます。テレビのニュース、新聞の結果報道などで、必要な情報として開催場所名も取り上げられるため、広告に相当する価値が得られます。

　今や当たり前のマーケットとなりましたが、スポーツがビジネスとして定着してきたことに伴って一般的になったと言えるでしょう（図表 4-8）。

　ネーミングライツについては、第 5 章「スタジアムビジネス」で詳しく述べることにします。

図表 4-8　施設命名権の主な事例

命名権による名称	正式名称・旧称
福岡 ヤフオク！ドーム	福岡ドーム
日産スタジアム	横浜国際総合競技場
MAZDA Zoom-Zoom スタジアム広島	広島市民球場
味の素スタジアム	東京スタジアム
味の素ナショナルトレーニングセンター	JOC ナショナルトレーニングセンター
ZOZO マリンスタジアム	千葉マリンスタジアム

スポーツビジネスにおける マーケティング事例

マーケティングの具体例として、「湘南ベルマーレと産業能率大学」「浦和レッズとデンキチ」という2つの事例を詳しく比較検証してみましょう。前節の図表4-3および4-4のCの流れがこれに当たります。

（1）湘南ベルマーレ―産業能率大学

プロサッカーチームと大学のパートナーシップ事例として、産業能率大学と湘南ベルマーレの関係を取り上げます。図表4-9は、誰が何を払って、誰が何を提供しているかという流れをわかりやすく示したものです。

図表4-9 湘南ベルマーレ ― 産業能率大学

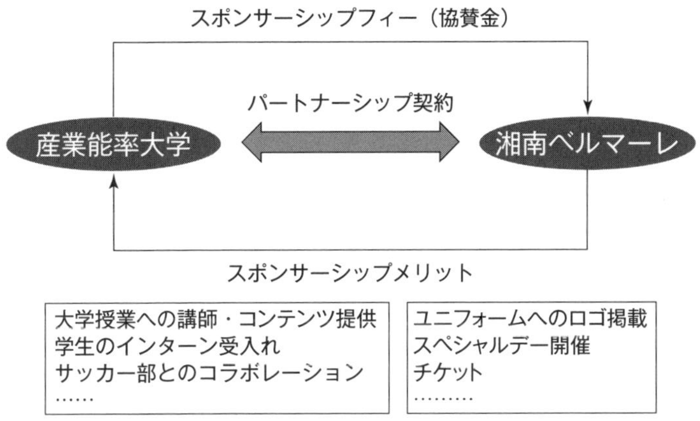

2004年1月に始まったパートナーシップ契約は、大学とJリーグクラブとしては日本初の事例でした。今となっては地域の大学とJクラブとの提携関係は珍しくなく、大学側がスポーツコンテンツとしてサッカー部の強化やJリーグとコラボした授業を提供することが普通になってきていますが、その先駆例と言えます。

スポーツとは全く関わりのなかった大学という一種の一般企業が、湘南ベル

マーレというJクラブと組むにあたっては、知名度の向上、学生集めを図るという目的があると思います。同じ湘南のエリアにキャンパスがあるということで、CSRの意味合いももちろんあるでしょう。

湘南ベルマーレから大学に対しては、インターンを受け入れたり、講師を派遣したり、サッカー部とのコラボレーションをしたりというサービスが提供されます。一方で産業能率大学は、広告スペース、スペシャルデーの開催、ある程度の量のチケットなどを、スポンサーフィーを払って得ているという事例です。

産業能率大学が湘南ベルマーレのスポンサーだという認知度はかなり高くなっていますし、また、湘南ベルマーレの水谷尚人社長が大学で講義を受け持っていたり、曺監督が講演したりというつながりもあります。

大学側としては、多くの学生に興味を持ってもらうためにはサッカーやJリーグというコンテンツは非常に魅力あるものであり、そこへある程度の広告予算を割くことは非常に現実的な選択であると言えます。実際、スポーツビジネス系の学部学科やコースは年々増えており、そこを目指して来る学生も増えてきていますから、有力な宣伝ツールと言えるでしょう。

図表4-10

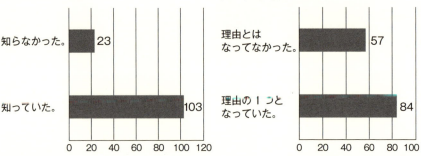

2017年6月5日　産業能率大学情報マネジメント学部　スポーツ産業論講義にて、受講生147名に調査

第4章　スポーツマーケティング

　産業能率大学においても、情報マネジメント学部にスポーツビジネスコース
を設置し、多くの学生がこのコースを目指して受験し、入学しています。

　湘南ベルマーレとしても、長い目でパートナーシップ関係を持ち、お互いに
持ちつ持たれつの関係が構築できることが理想的であり、産業能率大学との関
係はまさにその典型例となっています（図表4-10）。

　大学とJクラブとの提携は、今ではめずらしいものではなくなりました。大
学にとってはいいPRになるし、クラブにとっては若者が応援してくれるとイ
メージもアップしますから、相性がいいのではないでしょうか。

（2）デンキチ－浦和レッドダイヤモンズ

　デンキチ（株式会社でんきち）は埼玉県で展開する家電量販店です。大手家
電量販店が埼玉県にもどんどん進出している中で、埼玉ローカルでありながら
いまだに新規出店を行うなど、成長を続けています。徹底して埼玉に特化し、
地域の企業として地元にしっかりと根づいている会社なのです。

　このデンキチが、浦和レッズの社会貢献活動である浦和レッズハートフルク
ラブ（https://www.urawa-reds.co.jp/heartfull/）に協賛し始めたのは2005年の
ことです。広告宣伝価値を求めるのではなく、"地域で事業を運営し、地域の
人々に支えられている以上、そこで得た利益の一部を地域へ還元したい"とい
う想いでスポンサードを続けています。

　ハートフルクラブというのは浦和レッズが行っている地域でのサッカース
クール活動です。サッカースクールというのはJクラブがビジネスとして行っ
ているもので、7,000円とか8,000円の月謝が普通です。しかし浦和レッズの
場合は、原則的に参加者からの会費は取らず（ウエアなどの代金のみ）、デン
キチをはじめとする5、6社のスポンサー企業からスポンサーフィーを集めて、
そこからコーチの人件費や移動費などを払って運営しているという純粋な
CSRです。珍しい事例ですが、「でんきち」という社名やロゴが露出している
わけでもない。純粋なCSRと言えるかもしれません。

　ですから、世の中にはあまり知られていませんが、プロサッカークラブによ
る地域への貢献活動を通じて、クラブをスポンサードする企業の地域貢献活動

が成り立つという、とてもよいモデルケースになっているのです。

　お金とベネフィットが環流するエコシステムの媒体となっているのがスポーツであり、その地域のクラブであるということなのです。

＜広告宣伝 vs. 社会貢献＞

　例に挙げた2つの事例を簡単に比較してみます。

　産業能率大学の場合は、スポーツを特徴とした大学生向けのコースづくりや、プロチームとコラボした授業などをうまく活用（プロモーション）して、スポーツに強い大学、面白い勉強ができそうな大学というイメージづくりにつなげています。こういった宣伝広告効果は、スポーツに興味のある学生が集まってくる大学という結果として表れています。ただし、地域への還元や社会貢献という意味合いも、このパートナーシップ契約において並立していることは言うまでもありません。

　一方のデンキチと浦和レッズのパートナーシップには、広告宣伝という意味合いはほとんど存在せず、地域におけるクラブの貢献活動を純粋に支援するという目的で継続されています。

　この2つの類型を明確に区切ることは難しいのですが、スポンサーシップの在り方としてどちらも代表的な事例であることは間違いありません。

スポーツマーケティングの特徴

（1）スポーツマーケティングプランとは

　マーケティングを仕掛ける側として、どうやって組み立てて実践していくかというのが、戦略的スポーツマーケティングプランというフレームワークです。

　仕掛ける側の戦略立案ということですが、仕掛ける側とはスポーツクラブだったり一般企業だったり、スポーツメーカーだったりもします。そういうところがスポーツマーケティングを戦略的に仕掛けて目的を達成するためには、どんなプランニングと実践が必要かを示したのが、図表4-11 です。

　図中に3Csと4Psとありますが、もとの資料にはConsumer、Competitor、Companyと、さらにもう1つ Climate があったのですが、Climate（文化、マー

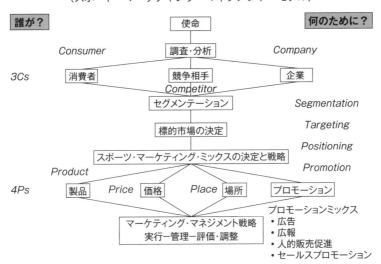

図表4-11　戦略的スポーツマーケティングプラン
（スポート・マーケティング・マネジメント・モデル）

出典：『スポート・マーケティングの基礎 第2版』（B・G・ピッツ、D・K・ストットラー著 白桃書房）を参考に著者が修正

ケットの特徴) は割愛しています。残りの3Cについては第2章の経営戦略立案プロセスのところで既述していますが、ここで述べるマーケティング戦略にも当てはまるので参照してください。

　まず4Pです。例えば、何らかのスポーツの観戦チケットが売りたい商品だとします。その場合、一般消費財である食べ物や飲み物、衣類やその他のものとは大きな違いがあります。

　それをマーケティングの4P(Product / Price / Place / Promotion)に沿って説明していきましょう。

Product (商品・サービス)

①時限性

　試合の観戦は、音楽のコンサートやテーマパークと同様、時限性があるものです。そして、イベントが終われば手元には何も残らない。その場所と機会における体験だけが残るという性質のものです。

②質の不確実性

　スポーツのいちばんの魅力である、不確実性 (勝敗、選手やチームのパフォーマンス、ドラマ性) は、そのまま大きなデメリットにもなり得ます。予測のつかない驚きを伴う歓喜や悲劇は、日常生活では得られない貴重な体験を提供してくれる一方で、期待にそぐわない結果となることも少なからずあるからです。スポーツ観戦の魅力は不満と背中合わせなのです。

　また、屋外でのイベントでは、天候も売り上げや満足度を大きく左右する要素となります。冬季の観戦で雨に打たれれば、もう行きたくないと思っても不思議ではありません。このように、消費者の満足度に影響を与える要素にコントロールできない要素があることは、スポーツにおけるマーケティング活動を複雑に、そして難しくしています。

③顧客のニーズ多様性

　観戦しに来る人々がその機会で求めるもの (ニーズ) は、以下に挙げるよう

第4章 スポーツマーケティング

に多種多様です。

- 強いチームとプロアスリートの素晴らしいパフォーマンスを求めて来る人
- 青空の下で、美しい緑の芝生のそばで、ビールを楽しみに来る人
- 試合に行けばいつも顔を合わせる仲間に会うことを楽しみにしている人
- 好みの選手を少しでも近くで観たいと思っている人
- ただ時間を持て余しているから来ている人

マーケティング活動において重要になるのは、人々がどのようなニーズを持っているかを把握し、そのニーズをどのように満たしていくかです。さらに新たなニーズを発見することも大事ですが、スポーツマーケティングでお客さんの多様なニーズを理解・把握することはかなりの困難を伴います。

Price（価格）

チケットの価格は事前に確定していますが、試合会場での観戦経験が果たしてその価格に見合っているかどうかは、終わってみなければわかりません。チームのパフォーマンス、試合の面白さ、天候などによって大きく顧客満足が変わるので、ときには安く感じ、ときには高く感じるということもあり得ます。場合によっては大きく上回ったり下回ったりもするでしょう。

Productの特性に密接に関係しているのですが、価格設定が非常に難しいビジネスであると言えます。

Place（流通）

観戦経験の場所は、試合会場だったりテレビの前だったりもします。しかし、チケットの購入場所はさまざまであり、昨今ではオンラインでの購入という選択肢が増え、スマホのアプリで買うこともできるので、買い手であるファンやサポーターのニーズに合わせた購入方法が複数提供できるようになってきています。

Promotion（販売促進）

プロモーションは、広告・広報・人的販売促進・セールスプロモーションの

● 99 ●

4つを組み合わせてプロモーションミックスとして行います。

広告がお金を出して媒体を買う（advertising）。広報がお金を出さずにメディアに露出してもらう（Publicity）。人的販売促進というのは、いわゆるキャンペーンイベントや個別セールス、飛び込み販売などです。セールスプロモーションというのは、値引きであったりパッケージングだったりという、商品をどう販売促進していくかという戦略です。これらの組み合わせがプロモーションミックスの定義となります。

プロモーションでは、いかに世の中に知ってもらうかという観点で、広報と広告という2種類を使い分けます。スポーツ団体は広報（Publicity）が主で、スポーツニュース番組やスポーツ新聞などが普及していることから、広告宣伝費をかけずとも無料でニュースに出してもらったり、新聞に載せてもらったりすることが大事です。お金をかけずにいかにチームの情報をうまく世間に知らしめていくか。そのための戦略が必要になってきます。

図表4-11のSegmentation、Targeting、Positioning、Promotionという用語についても説明しておきます。

Segmentation

セグメンテーションというのは、例えばチケッティングをもっと若い女の子や小中学生に買ってもらいたいというときに、年代軸というセグメント分けをしたり、住んでいる地域軸でセグメント分けをしたりするというものです。市町村別とか男女別といった分け方もあります。

要するに、いくつかの軸によってマーケットを細分化して、その細分化したある特定のマーケットに狙いを定めて、マーケティング活動やプロモーション活動を打っていくというのがセグメンテーションです。

Targeting

ターゲッティングというのは、ある特定のセグメント層に標的を定めてマーケティング活動していくことを言います。たとえでよく言われるのが、空爆と地上戦です。空爆は空からその辺にいるであろうエリアに爆弾を落とすという

第4章　スポーツマーケティング

もの。実際にたくさん当たります。地上戦というのは、マンツーマンで狙いを
定めて、相手を狙い撃つというもので、明確に狙いを定めて一人ひとり落とし
ていきます。

　例えば全国紙での広告やテレビコマーシャルなどが空爆であり、データを
しっかり取って、それをもとに「この人ならこういうものを買ってくれそうだ」
というところにダイレクトメールやテレアポをしていくことを地上戦にたとえ
ています。

Positioning

　ポジショニングというのは、例えば読売ジャイアンツは選手のタレントとい
う魅力、東京という立地上の魅力などを強みにして、そこを前面に押し出して
いくことです。

　同様に選手の魅力と地理的な魅力を軸にするとすれば、選手個々の魅力は少
ないけれども、地域に密着しているところを自分の立ち位置にする。このよう
に、お客さんにどんな立ち位置で見られるかを、自分たちで意識してつくり出
すのがポジショニングです。

　マーケットにおける自分の立ち位置を戦略的に考え、それに基づいたプロ
モーションやマーケティングを仕掛けていくということです。

　ほかの例を挙げれば、浦和レッズであればスタジアムの応援がすごい。選手
個々の魅力もあるというポジショニングだし、湘南ベルマーレであれば、地域
密着で、チームとしての魅力があるというポジショニングになるでしょう。

　また、ポジショニングをライバルチームとの相対で考えることもあります。
よく使われるのは、地域と全国、お金のある・なし、選手の魅力がある・ない
という比較をしたマトリクスです。ある特定の軸で相対的に比較して、マー
ケットにおける自分たちの優位性は何か、強みは何か、特徴は何かという分析
をするためのツールとして使います。

Promotion

　プロモーションは4Pでも説明しましたが、いかに世の中に知ってもらうか
という観点で、広報と広告という2種類を使い分けます。スポーツ団体は広報

101

（Publicity）が主で、スポーツニュース番組やスポーツ新聞などが普及していることから、広告宣伝費をかけずとも無料でニュースに出してもらったり、新聞に載せてもらったりすることが大事です。お金をかけずに、いかにチームの情報をうまく世間に知らしめていくか。そのための戦略が必要になってきます。

（2）Of と Through のマーケティング

「スポーツマーケティング」という言葉は、「マーケティング Of スポーツ」と「マーケティング（Of 一般消費財）through スポーツ」の2つに分けて考えることができます。それぞれを、Of のマーケティング、Through のマーケティングとして説明していきます（図表4-12）。

図表4-12　Of と Through のスポーツマーケティング

```
                        Of   スポーツ
                             サービス・プロダクツ
   マーケティング

                        Of   一般消費財   Through   スポーツ
                                                   チーム・イベント
```

Of のマーケティング

スポーツプロダクトやサービス自身のマーケティング活動であり、事例としては以下のようなモノが挙げられます。

- ●スポーツチームがチケットを販売するためのマーケティング
- ●スポーツメーカーがスポーツプロダクトを販売するためのマーケティング

要するに、販売したいプロダクトやサービスがスポーツに関わる場合は、Of のマーケティングと表現できます。スポーツのプロダクツ自身のマーケティングなので、販売者がいわゆるサッカーシューズとかウエアとかをダイレクトにマーケティングする。それが Of のマーケティングです。

第4章　スポーツマーケティング

Through のマーケティング

　一方、販売したいプロダクトやサービスがスポーツと全く関係のない場合で、しかしながらプロモーションをスポーツ（チームやイベントなどへのスポンサーシップ）を通じて行う場合を Through のマーケティングと表現します。例えば、スポーツのアスリートやチームが大会を通じて使うことで、何か違うものをマーケティングするというものです。

　Through のほうは、スポンサーシップという形態が多く取られます。例えば「ルヴァンカップ」のように大会の冠スポンサーになることは、サッカーの大会を通じてルヴァンのお菓子をマーケティングすることになります。ですからこれは Through のマーケティングになるのです。アスリート個人のスポンサーや大会スポンサーなども同様です。

　以下に Through マーケティングの事例を挙げておきます。

●産業能率大学が湘南ベルマーレを通じて学生を集めるためのマーケティング
●明治安田生命が生命保険の契約数を増やすために J リーグを通じて実施するマーケティング
●味の素がスポーツ施設（スタジアム）命名権を通じて行うマーケティング
● Oakley（サングラスメーカー）がイチロー選手（スポーツ選手）へのスポンサーシップを通じて行うマーケティング
●エミレーツ航空（ドバイ）が AC ミランやレアルマドリードというスポーツチームを通じて行うマーケティング
● Hyundai 自動車が FIFA ワールドカップというスポーツイベントを通じて行うマーケティング

　規模から見ると、Of と Through では、Through のほうが圧倒的に大きいのです。例えばナイキが、ウエアやシューズを売るためのマーケティングには相当お金をかけていますが、ナイキというスポーツメーカー1 社のマーケティング予算でしかありません。しかし、Through のほうは、世の中にある一般企業のマーケティング費用がスポーツを通じて使われるのだから、全く規模が

● 103 ●

違ってきます。ですから、チームの収入としても Through のマーケティングのほうがメインになります。

クラブで言えば、チケットやレプリカウエアなどを売るときには Of のマーケティングになりますが、そういった物販の収入とスポンサーからの収入を比べると、野球やサッカーに限らずスポンサーからのほうが大きい。プロスポーツの3大収入源は、スポンサーとチケットと放映権なので、そこにマーチャンダイジングというグッズなどの販売を入れて4大収入源とは言ったりはしません。

ただし、チケッティングは3大収入源の1つなので、Of のマーケティングの中では大きな割合になります。

第5章
スタジアムビジネス

　プロスポーツの3大収入源の1つである入場料収入に大きく関係してくるのが、いわゆる箱モノです。スポーツ施設の場合その多くがスタジアムと呼ばれるものですが、日本ではクラブや球団が所有するケースはほとんどありません。ここでは、Jリーグやプロ野球が使用しているスタジアムの活用状況を検証し、ビジネスの観点からスタジアムをどのようにマネジメントするかを考え、今後さらに効率よく収益を上げていくための運営方法を模索していきます。

スタジアムとは何か

（1） 日本におけるスタジアムの現況

　誕生以降、Jリーグはありもののスタジアムを借りて試合を行ってきました。けれども、2002年日韓ワールドカップの開催に合わせてワールドカップスタジアムが全国に10カ所つくられ、その後も各地で新しいスタジアムがつくられたこともあり、環境としては格段によくなっています。

　最近のスタジアム建設の流れは、サッカーはサッカー専用のものをつくるということで、それもコストをできるだけ抑えて、行政の協力を仰ぎながらつくるというスキームが徐々に確立されています。今後は、サッカー専用スタジアムを各地域でつくっていくことになるだろうと予想されます。

　ヨーロッパでは、例えばイギリスでも、スタジアムはクラブの所有です。したがって、改築や改装に関してもクラブが自己資金を投資するし、その代わり自由にビジネスを展開できるという環境になっています。

　ただしその方法はいろいろで、土地は行政から提供されている場合もあるし、すべて自前の場合もあります。しかし、基本的にプロスポーツがその地域ごとに土壌として根づいているので、スタジアムとはお金を生み出す場所であるという感覚が当たり前になっています。したがって、ホテルやレストランが併設されているスタジアムがごく普通なのです。

　こういう考えはアメリカでも同様です。メジャーリーグのスタジアムでも、最近盛んになってきているメジャーリーグサッカーのスタジアムでも、まさにどうやってビジネスを展開するかという考え方を大前提に、スタジアムはつくられています。

　日本では、いまだに借り物である場合がほとんどです。ただしガンバ大阪や鹿島アントラーズのように、指定管理者として入って、将来的な発展要素も踏まえて設計段階から関わることができているクラブもあります。所有ではないが、比較的自由に使える状況になっています。鹿島アントラーズでは、スポー

第5章　スタジアムビジネス

ツクリニックをスタジアムの中につくったり、ビアガーデンをつくったりということも手掛けています。

　今後の在り方としては、所有とはいかないまでも、指定管理者として入るという方法が望まれます。

　一方、試合のときだけ借りる（試合前日と当日）という従来の形は、使用料もばかにならないし、施設に投資もできない。したがって、関連ビジネスで収益を上げていくことも非常に難しくなります。

　ちゃんとしたグッズショップや飲食店も付設されていない。VIP向けのホスピタリティシートなども設置できない。日本のスタジアムは、そのほとんどが国体に合わせて陸上競技場としてつくられてきたものなので、そもそもスタジアムでいろいろなビジネスをやるという考えが全くなかったのです。

　ですから、湘南ベルマーレのホームスタジアムであるShonan BMWスタジアム平塚にも、ホスピタリティシートなどはほとんどありません。ほんの少しだけありますけれども、そんなものでは収益アップの足しにはなりません。

　その差が実は大きくて、試合の日にどれだけ収益を最大化するか。あるいは、試合の日以外にどれだけの収益を上げられるか。それを考えると、高い値段をつけられるVIP向けのボックスやシートを相当数設置する必要があります。そういう考え方も頭に入れておくことが、スタジアムでの事業を展開するにあたっての大切な要素になります。

　プロ野球でも、横浜DeNAベイスターズが、東京オリンピックに合わせてスタジアムの改修を発表しています。また、福岡ソフトバンクホークスのヤフオクドームも、コンサートの開催などのビジネスで成功しています。北海道日本ハムファイターズは、札幌の別の場所に専用スタジアムをつくるという計画を出しています。

　そういう新たなスタジアムの在り方が、今後展開していくことになるでしょう。

　なお、今後の展開として注意しておくべき流れがあります。スタジアムの中に車椅子専用シートをはじめとした、バリアフリーシートやその他の設備を充実させていかなくてはならないということです。新しくできた吹田スタジアムなどは、かなりの数の車椅子専用スペースを確保していますが、古い施設でバ

● 107 ●

リアフリー用の改修となると、費用の面からもかなり難しいところがあります。しかし、国際大会を開くとなると、そういう対応は必須になってきます。例えばFIFAの基準も年々厳しくなっていて、新しい基準だと、日産スタジアムではワールドカップの決勝戦を行うことができませんから、心しておくべきでしょう。

（2）クラブにとっての収入の柱

　プロスポーツの３大収入源（入場料・放映権料・広告料）のうちの１つである入場料収入は、スタジアムの在り方によって大きな影響を受けます。その事業性にとって大切な要素が、次に挙げる５つです。

　　　①立地
　　　②大きさ（収容人数）
　　　③仕様
　　　④付帯施設（駐車場・レストラン・ボックスシートなど）
　　　⑤所有・運営形態（指定管理者制度）

①立地

　スタジアムがある場所（立地）は、施設の事業性を大きく左右する重要なものです。当然ですが、街中のアクセスのよい場所にあれば、それだけ人が集まる可能性も大きくなります。その逆もまたしかりです。

　しかしながら、スタジアムのような大きな施設は、平地の狭い日本ではなかなか駅前や街中につくれるわけもなく、大抵アクセスの悪い不便な場所にあります。仮にアクセスが悪い場所にあっても、駐車場がふんだんにあれば大きな問題ではないのですが、なかなかそうもいかないのが現実です。

　しかし、ヨーロッパ各国のスタジアムを見ても、不便な場所にあることは多く、一般のファンやサポーターが使える駐車場もほとんどありません。それでも常に４万から５万人収容のスタンドが埋まっていることを考えると、大きな障害とはなっていないようです。アクセスは大きな要素ではあるものの、成熟

第5章　スタジアムビジネス

したビジネスでは大きな障壁にはならないことも事実です。

　ただ、日本の場合は公共交通機関との兼ね合いもありますが、やはりアクセスのよさは求められていると認識しておくべきでしょう。

②大きさ（収容人数）

　世界を見ると、歴史のある大きなスタジアムから最新のスタジアムまでさまざまなものがあります。ですが、その大きさはその後の収入と支出のバランスを取る上でも重要な要素となるのは変わりありません。

スタジアムの大きさを決める要素

●マーケット性（土地の）

●クラブのブランド（人気）

●建設時の政治的要因　など

　土地が広く、施設が大きければ大きいほど維持費は大きくなります。その一方で、ある程度の大きさがないと入場料収入を増やすこともできません。

　Shonan BMW スタジアム平塚を例にして見てみましょう。

　仮に J1 の試合であれば、鹿島アントラーズや浦和レッズ、ガンバ大阪との試合だとチケットは速攻で完売してしまいます。ということは、潜在的な需要はあるわけです。ところがスタジアムの現状が、それを売上げにつなげるのを邪魔しています。つまり、2万5,000人から3万人の収容能力のあるスタジアムが、J1 のスタジアムとしては求められるということなのです。

　とはいえ、大きければ大きいだけ維持費もかさみますから、単なる大きさだけではなくて、マーケットの大きさやクラブのブランドなどを考慮に入れて考える必要があります。

　もう1つの、建設時の政治的要因とは、その時々で、例えばその街の首長がサッカーやスポーツの価値に理解があれば、それも要因になります。埼玉スタジアムのケースですが、当時の県知事が6万人収容のサッカー専用としてつくることに決めたそうです。しかしこれが、けっこうな独断だったとか。それまで県が貯めてきたお金を、埼玉スタジアムとさいたまスーパーアリーナという

109

大きな箱モノをつくるために一気に吐き出したと、批判的な見方もあります。

このように、時々の政治的な背景が行政のお金の行方を左右します。スタジアム建設など、行政の力を借りずにつくることは不可能です。少なくとも、土地の確保には協力をしてもらう必要があります。

③仕様

採算だけではなく、行政府が建設してオーナーになる場合は、民意の理解が必要です。その場合はサッカーという1つの種目専用のスタジアムを建設することは非常に難しく、陸上トラックがあり、その他の競技大会を開催できる複合種目型のスタジアムとなりがちです。オリンピックや国民体育大会用に行政府が建設するスタジアムは、すべてこの型となります。

2002年の日韓ワールドカップ開催に合わせて建設されたすべてのスタジアムは、FIFAの定める建設基準を満たす規模と仕様になっています。しかしながら、新設されたワールドカップ用スタジアムの中では、さいたまスタジアム2002とカシマサッカースタジアムだけがサッカー専用スタジアムでした。その他は陸上トラックのついた競技場の仕様です。

ところがサッカーの試合を観ることに特化すると、陸上トラックのある分だけ観客性からピッチまでの距離が長くなり、見づらくなるのです。例えば日産スタジアムも、収容人員は多いのですが、やはりサッカーの試合は見づらいスタジアムだと言えます。さらに、陸上競技場には各種の陸上競技用の備品が付属するため、その管理がとても大変です。かなりのスペースが必要になるというデメリットもあるのです。

この点は、今後新しいスタジアムをつくるとなった際には、サッカー専用かどうかがいちばんに議論されるべきところでしょう。

ワールドカップ開催後にもJリーグの各クラブとホームタウン行政の協力において、スタジアム建設が続いています。歓迎すべきことに、観る人の観やすさや環境を考慮したサッカー専用スタジアムが、その主流となってきています（J League News 特別版2016〈スタジアムの未来〉）。

④付帯施設（駐車場・レストラン・ボックスシート等）

スタジアムビジネスの観点では、試合のある日のみならず、試合のない日にいかに使ってもらえるか、つまり収益を上げることができるかどうかが、非常に重要になります。

では、試合日以外にどうやってスタジアムでお金を落としてもらうか。考えられるのは、レストランは日常的に営業する。VIP用ビューボックスがあれば会議室として貸し出す。クラブの歴史などを紹介するミュージアムや展示室をつくって入場料収入を得る。展示会やコンサートなどのイベントを開催する。こういったことでしょう。

例えば、マンチェスターユナイテッドのオールド・トラッフォードでは、ガイド付きのスタジアムツアーが大きなビジネスになっています。香川真司選手がまだ在籍していた頃に、彼のユニフォームとセットでツアーを売っていて、確か1万5,000円か2万円くらいだったような記憶があります。ユニフォームだけで1万円くらいするので、ツアー料金自体は「高いな」と感じましたが、それでも日本人観光客にはものすごい人気だという話でした。

オールド・トラッフォードは、試合のない日でもグッズショップは人でいっぱいです。やはりあれほどのブランド力を持った名門クラブであれば、スタジアムをベースとした、いろいろな事業の展開が可能なのです。

日本でも東京ドームなどは、展示会とかイベント、コンサートなどをかなり行っていますが、それらはやはり大きな収入になります。また、ヤフオクドームでも、嵐やミスチルのコンサートを行うなど、積極的にスタジアムビジネスを展開しています。コンサートだけの営業部隊もいて、ちゃんと試合以外での収益を上げることを考えて、徹底してやっているようです。

このように、付帯施設もビジネスの事業性を考えた上では、必要になってきます。

それ以外にも、地域の人々がスポーツを楽しむ場所として提供することで、地域の人々がスタジアムを拠点としてクラブやスポーツと触れ合い、健康で幸せな人生を送ることができるようになる。これは地域密着のスポーツクラブという在り方で、Jリーグの目指すところでもあり、今後の方向性として重視されてくると思います。

Jリーグのクラブにとってはファンづくりにもなり、スタジアム事業としても成立し、地域との太い絆を築くことができるようになるという、まさしく"三方よし"の経営となるはずです。

⑤所有・運営形態

これについては後述します。

コラム　～家 (Home) であり教会であり、街のシンボルでもあるスタジアム～

　イギリスでは、サッカースタジアムは毎週末に通う教会のようだというメタファーが使われていました。地域の人々が生きていく上でさまざまなアドバイスをくれる牧師がいて、その話を聞きに人々が訪れ、お互いに触れ合う。家族の成長や健康についても情報交換し、何かあれば助け合い、お祝いし合うというコミュニティの核が教会でした。

　サッカースタジアムができて、サッカーが人気のスポーツとなってからは、スタジアムはそれまでの教会のような立ち位置となりました。定期的に人々が集い、同じチームを応援し、泣いたり笑ったりする。地域社会を感じる瞬間がスタジアムとなったのです。

　一方、クラブ (サッカーチーム) にとっては、家 (Home) のようなものです。家に家族がいるように、ホームスタジアムに戻れば、勝とうが負けようが応援してくれる人々がいて、常に後押しをしてくれます。ホームスタジアムとは、その名のとおり、クラブにとっては帰るべき家なのです。

　スタジアムにとって大事なのは、1つは事業性ですが、もう1つは地域との関わり方です。そういう意味で、日本では「防災拠点」としての役割をスタジアムに求めるようになっています。もちろん、防災拠点という言葉を使うと行政が予算を出しやすいという側面はあります。そのためにいろいろな設備を増設するという場合でも、予算が下りやすいのです。しかし日本のように災害が多い国では、何かあったときには防災拠点の

● 112 ●

第5章 スタジアムビジネス

機能も果たせるだろうし、その意味では街のシンボルとして考えること
もできるかもしれません。

スポーツ施設建設のきっかけ

（1）国民体育大会によるスポーツの普及

　日本国中にあるスタジアムや競技場、体育館といったスポーツ施設の成り立ちには2種類あります。

　1つは、学校や企業、そして行政が持っている施設です。極論すれば、つい最近までの日本にはこの種類ものしかありませんでした。なぜなら、学校体育がすなわちスポーツであり、そこに体育館やグラウンドが整備されてきました。企業も福利厚生施設の一環として、体育館やグラウンドを持っているところが多かったからです。

　そして、終戦直後の1946年から全国各都道府県の持ち回りで開催されているのが国民体育大会です。その開催に合わせてスポーツ施設が建設されてきた歴史があり、国体が日本全国に運動施設を増やし、日本におけるスポーツの普及に大きな役割を果たしてきたのは確かでしょう。

　さらに国体は、施設などのハード面だけではなく、指導者の育成といったソフト面の強化にも寄与してきたという一面もあります。実際に、いまだに国体の開催が決まったところにすぐに予算がつけられて、スポーツ施設や人材の充実などが図られているという事実があります。やはり、スポーツ施設建設のきっかけは国体にあり、ということなのです。

　国体に対しては、さまざまな議論がなされていますが、私は地域のスポーツ環境に対する貢献が大きい、日本が誇るべきスポーツイベントだと考えています。

　まず、ハードが日本各地での開催地に整備されていきます。こうしたハード（スポーツ施設）が、国体開催後も、さまざまなスポーツイベントだけではなく、地域のイベントにも活用され、防災拠点としても今日では機能するようになっています。また、ソフト面でも、開催地が開催に向けて各種競技を強化することで、指導者が育ち、選手が育つ機会を与えてもらえます。

● 114 ●

第5章 スタジアムビジネス

　課題となるのは、その整備する施設の仕様であり、ソフト面では、その大会での結果のみを求めてしまう点です。ハードについても、国体後にどのように活用されるのかもしっかりと議論して進めるべきですし、今の時代では、民活（PFIなど。本章の3節で詳述）も十分に視野に入っています。競技の強化についても、国体だけではなく、その後の継続性も含めて行政が各種スポーツ団体としっかり協議していく必要があります。

　一発の打ち上げ花火として終わることが何よりも残念な結果につながるのです。

（2）国際的なスポーツ大会による施設の普及

　もう1つは、オリンピックやワールドカップなどの国際的な大会の開催をきっかけとしてつくられる施設です。

　1964年東京オリンピックと2002年日韓ワールドカップでは、大規模な投資がなされ、たくさんの施設がつくられました。

　東京オリンピックでは、今日でもさまざまなスポーツやイベントで使われている駒沢陸上競技場、武道館、代々木体育館などが建設されています。旧・国立競技場は2020年に向けて建て替えられていますが、役目を終えるまでは日本のスポーツイベントのメッカであり続けました（図表5-1）。

　ただしここで忘れてはならないのは、すべて国や地方自治体が資金（税金）を投じて建設し、所有し、運営しているということです。プロスポーツビジネスにおいては、スタジアム所有のこの形態が大きな障壁となっています。

図表 5-1

施設名	主な施設
旧　国立霞ヶ丘競技場	陸上競技場
駒沢オリンピック公園総合運動場	陸上競技場・体育館・バレーボールコート・ホッケー場
東京体育館	
国立屋内総合競技場（代々木競技場）	第1体育館（水泳）・第2体育館（バスケットボール）
武道館	
秩父宮ラグビー場	

● 115 ●

2002年日韓ワールドカップでは、改修のものも含めて日本全国に10のスタジアムが新たに建設され、それぞれの地域でJリーグクラブのホームスタジアムとして、そのほとんどが現在でも活用されています（図表5-2）。

　これらは2002年以前にはなかったものです。やはり国際的なスポーツイベントを開催する意義としては、ただ開催するだけではなく、その後もしっかりと施設を残して、そこでスポーツを楽しめるということが重要なのです。

　ただ、こうしたスポーツイベントの開催が、施設をつくる大きなきっかけになっているという基本は押さえておく必要があります。最近の若い人の中には、例えば武道館が何のために建てられたものか知らない人もいると思います。そういう人たちにもわかってもらうために、歴史的な経緯も押さえておくべきでしょう。

　図表5-2で注目しておきたいのは、いちばん右の「運営管理」の列です。次項で説明する指定管理者も含めて、誰がスタジアムを運営しているかを示して

図表5-2

スタジアム名	呼称（2017年現在）	所有	運営管理
茨城県立カシマサッカースタジアム	同左	茨城県	株式会社鹿島アントラーズ・エフ・シー
大分スポーツ公園総合競技場	大分銀行ドーム	大分県	株式会社大宣
埼玉スタジアム2002	同左	埼玉県	埼玉県公園緑地協会
札幌ドーム	同左	札幌市	株式会社札幌ドーム
静岡県小笠山総合運動公園スタジアム	エコパスタジアム	静岡県	静岡県サッカー協会グループ　エコパハウス
長居陸上競技場	ヤンマースタジアム長居	大阪市	長居公園スポーツの森プロジェクトグループ
新潟スタジアム	デンカビッグスワンスタジアム	新潟県	アルビレックス新潟・都市緑花センターグループ
御崎公園球技場	ノエビアスタジアム神戸	神戸市	神戸ウイングスタジアム株式会社
宮城スタジアム	ひとめぼれスタジアム宮城	宮城県	G21指定管理グループ
横浜国際総合競技場	日産スタジアム	横浜市	横浜市体育協会・横浜F・マリノス・管理JV共同事業体

いています。

　ほぼすべてが、第三セクターのような、行政と民間会社が一緒になってつくった運営会社です。埼玉県公園緑地協会というのは、埼玉県内の公園を管理する財団法人で、これも埼玉県との第三セクターです。札幌ドームも合弁会社で、行政と地元の会社でつくったものです。エコパスタジアム（袋井市）は静岡県のサッカー協会も運営に関わっています。ヤンマースタジアム長居では、セレッソ大阪も入っていますが、行政やいろいろな企業もプロジェクトグループとして運営に携わるという方式です。

　この表の中では、鹿島アントラーズのカシマサッカースタジアムだけが、自分たちで運営を行っているスタジアムです。最も画期的な方式ですが、これは鹿島アントラーズとガンバ大阪だけだと言えるでしょう。

　ここまでの流れを受けて、今後のスタジアム建設はこうあるべきだという方向性について考えておきたいと思います。図表5-3で挙げているスタジアムは、日韓ワールドカップ後、Jリーグ拡大に伴ってつくられた、すべてサッカー専

図表 5-3

スタジアム名	呼称 (2017 年現在)	完工年
秋田市八橋運動公園球技場	あきぎんスタジアム	2007 年 （秋田わか杉国体）
盛岡南公園球技場	いわぎんスタジアム	1998 年 （全国高等学校総合体育大会）
仙台スタジアム	ユアテックスタジアム	1997 年
南長野運動公園総合球技場	長野 U スタジアム	2015 年
長野県松本平広域公園総合球技場	アルウィン	2001 年
千葉市蘇我球技場	フクダ電子アリーナ	2005 年
豊田スタジアム		2001 年
チュウブ YAJIN スタジアム		2012 年
市立吹田サッカースタジアム	吹田スタジアム	2016 年
北九州スタジアム	ミクニワールドスタジアム北九州	2017 年
鳥栖スタジアム	ベストアメニティスタジアム	1996 年

● 117 ●

用のものです。

　特に 2015 年以降につくられた、吹田スタジアムやミクニワールドスタジアム北九州、長野 U スタジアムなどは、大変大きくて立派なサッカー専用スタジアムになっています。

　なかでも特徴的で面白いのはチュウブ YAJIN スタジアム（米子市）で、これは地元のスポンサーに土地を提供してもらい、クラブが 3 億円かけて建てたものです。3 億円でできたというカラクリは、標高 13 メートルの小山を掘ることで観客席の土台にしたということです。山の斜面をスタンドにするというユニークな発想で建設費も安くあげることができたのだそうです。したがって 100%、クラブ所有のスタジアムとなっています。

　今、J リーグも一所懸命にクラブや行政にも働きかけて、サッカー専用スタジアムを街中にたくさんつくっていこうとしています。この表に挙げた以外にも、建設計画がいくつかあります。もちろん、経営的に無理なく回していくには、前述のようにスタジアムとしてもいろいろな事業を考えながら、今後いかにして運営していくかが問われてきます。

スポーツ施設の運営形態

　スポーツ施設は、その多くを地方自治体が所有しています。それを、民間の手法を使ってより効率的かつ効果的に運営していく手法として、以下に挙げる4つの方法があります。

PFI 方式（PFI 法）

　PFI（Private Finance Initiative：プライベート・ファイナンス・イニシアティブ）とは、公共施設等の建設・維持管理・運営などを、民間（プライベート）の持つ経営能力や資金（ファイナンス）を活用することで、低廉かつ良質な公共サービスを提供することを目的とした新しい公共事業の手法です。1992年に英国で導入されたもので、日本では1999年に「民間資金等の活用による公共施設等の整備等の促進に関する法律」（PFI法）が制定され、本格的に導入が始まりました。

　公共部門と民間部門の役割の見直しが主眼で、従来の公共事業だと、公共部門が事業の計画立案から実施まですべての活動を主体的に行います。一方PFIでは、計画立案および監視機能は公共部門、実施（設計・建設・維持管理・運営）についてはできるだけ民間に任せるというのが特徴的なところです。

指定管理制度（地方自治法）

　「公の施設の管理者について、（地方公共団体が出資している法人、公共団体、公共的団体）といった条件が撤廃され、地方公共団体の指定する者（指定管理者）が管理を代行する制度」

　「公の施設のより効果的・効率的な管理を行う為、その管理に民間の能力を活用するとともに、その適正な管理を確保する仕組みを整備し、住民サービスの向上や経費の節減等を測ることを目的とする。」（注：都市公園法運用指針（第2版　平成24年4月）より抜粋）

設置管理許可制度（都市公園法）

「都市公園を構成する公園施設について許可を与える制度」

「飲食店等の公園施設の設置又は管理を民間にゆだねる場合、遊具、花壇等の公園施設の設置管理を他法人にゆだねる場合に適用される制度」

PFI方式（コンセッション）（改正PFI法）

　行政によって整備されたインフラの運営を民間企業に任せる場合、売却という方法もありますが、民間企業側はインフラを購入してまで運営を実施するメリットがあるのかを考えます。行政側にしても、売却したインフラを民間企業が廃棄してしまうリスクは避けたい。そこで「公共施設等運営権」という権利を設定して、行政が所有するインフラを民間が運営しやすくしようとしたのがコンセッションです。

　料金収入が見込める公共のインフラに公共施設等運営権を設定し、その権利を民間企業が行政から購入してインフラの運営を実施。料金収入を得て運営を継続します。行政から見れば「公共のインフラの建設費＜権利の対価」であれば、建設費負担以上の収益を得たことになります。逆に「公共のインフラの建設費＞権利の対価」であっても建設費の節約になり、運営リスク（料金収入が伸びないなど）を切り離すことができます。一方、民間企業から見れば運営リスクを背負うことになりますが、料金収入を伸ばすためのさまざまな工夫をこらすことによって収益拡大を狙うチャンスは増える、ということです。

スポーツ施設の収益構造

（1）ネーミングライツ（施設命名権）

スポーツ施設が収益を上げるための手法として、施設の命名権を販売するものです。事例を挙げるときりがないほど、昨今では当たり前の収益源となっています。もちろん、海外でも同様に増え続けています。

ただし、例えば日産スタジアムでFIFAの主催試合を行うときは「日産」という言葉が使えません。スポンサーにトヨタが入っているからです。スポンサーがかぶってしまうといったタブー事項は、どうしても起こり得ます。

●権利を購入する側のメリット
　　⇒スポーツファンに対する日常的な訴求ができる
　　　例）新聞、メディアでの露出（開催場所としての告知）
　　⇒スポーツへの親和性、イメージを高めることができる

●権利を販売する側（施設側）のメリット
　　⇒無形の資産（命名権）を販売することができ、収益が得られる

以上のように、お互いのメリットが合致し、今ではスタジアムネーミングライツの市場は広がっています。従来はスタジアム自体の命名権が販売の対象でしたが、一部のスタンドやセクションに関わる命名権も販売されています。

例えば福岡ソフトバンクホークスの本拠地、ヤフオクドームには、コカ・コーラシート、シスコシート、JALスカイビューシート、ECCキッズパークといったものがあります（図表5-4）。

図表 5-4

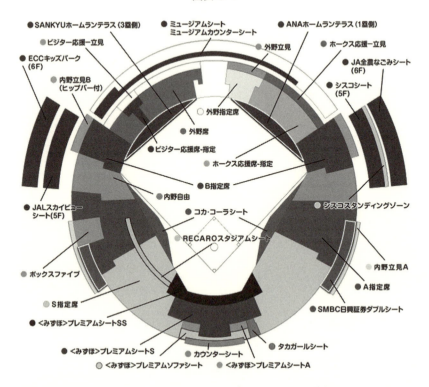

出典:福岡ソフトバンクホークスオフィシャルホームページより抜粋

(2) 複合型スポーツ施設

　スポーツスタジアムでは、試合日にどのように収益を上げていくかという命題とは別に、試合日以外にどのようにお金を生み出していくかという、非常に難しい課題も存在しています。特にサッカーのように試合の開催が年間で20日前後に限定されている場合、そのほかの日にどのように人とお金を回していくかということが存続の大きな前提となります。

◎試合日以外の営業活動事例
　　●他競技の開催

第5章　スタジアムビジネス

　　ラグビー・アメリカンフットボール　ほか
●他のエンタメ興行の開催
　各種コンサートやフェスティバルなどの誘致
　　例）ヤフオクドーム
　　　　＊三代目 J Soul Brothers LIVE TOUR 2016-2017 開催
　　　　＊ ARASHI LIVE TOUR 2016 − 2017　開催
　　　　＊ Mr. Children DOME & STADIUM TOUR 2017　ほか
●スタジアム内施設の活用
　レストラン・カフェの営業
　VIP ルームの貸し会議室としての活用
　ヘルスプロモーション施設の設置営業
　　例）鹿島スタジアム
　　　　＊鹿島アントラーズスポーツクリニック
　　　　＊スポーツジムなどのスポーツ施設の設置　ほか

● 123 ●

5 スタジアムの運営事例

（1）サッカー専用の吹田スタジアム

　ガンバ大阪がホームスタジアムとして利用している吹田スタジアムは、サッカー専用スタジアムであり、ユニークな手法で建設・運営されています。

　スタジアム建設募金団体を設立し、その団体が toto をはじめとした各種の助成金と、地域や民間、財界などからの寄付金などを合わせて、約140億円という建設資金を集めて建設されました。さらに、建設されたスタジアムをスタジアム建設募金団体が自治体（吹田市）へ寄贈し、寄贈された吹田市所有のスタジアムをガンバ大阪が指定管理者制度で運営するという仕組みとなっています。

　背景として、以前の本拠地だった万博記念陸上競技場には陸上トラックがあることや、キャパシティに限界（2万1,000人）があることから、新スタジアムの必要性が高まっていたことがあります。また、資金集めに関しては、ガンバ大阪の親企業であるパナソニックの存在や、関西財界での影響力が大きな要素であったことは容易に想像がつきます。

　運営費面では、スタジアムの所有が自治体（吹田市）なので、固定資産税や土地の賃料を運営会社であるガンバ大阪は支払わなくてよいことになります。

　スタジアムは、付加価値のついたチケットを販売するためのVIP向けボックスシートや、応援するサポーターたちの要望を反映させたゴール裏のスタンド構造を備えています。また、シートからピッチの距離が近く、全席が屋根に覆われているなど、観る人にとってサッカーを観やすい構造となっています。照明がLEDになっていることから各種の演出も可能となり、選手にとってもまぶしくてボールが見えなくなるということが一切ないような仕組みとなっています。

　サッカーの試合日以外の収入については、まだまだ課題がたくさんあります。コンサートなどの興行は市の条例として開催できないエリアとなっていることや、アクセスについても、近隣のショッピングモールとは隔絶されたものとなっています。しかし、吹田スタジアムを利用する前と後では、ガンバ大阪の

観客動員数が大きく増えていることからも、すでに大きな効果が出ていると言えるでしょう (図表5-5)。

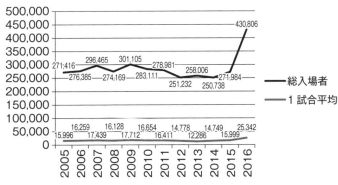

図表5-5 ガンバ大阪 入場者数推移

出典：http://www.jleague.jp/stats/SFTD12.html

(2) 横浜スタジアムの施設運営変革 (DeNA 運営)

横浜 DeNA ベイスターズは、セ・リーグでは珍しく球団オーナーやフランチャイズの移転を繰り返してきた歴史があります。球場運営についても、横浜スタジアムを試合時に借りるというスタイルで、以前は看板の広告収入すら球団運営会社には入ってこない状況であり、毎年10億円単位の赤字を出し、親企業に補填してもらっていました (図表5-6)。

2011年に IT ベンチャーである DeNA がオーナーとなったことでさまざまな球団経営変革が起こり、経営的にもチーム成績も低迷していたプロ野球球団がガラリと生まれ変わりました。

2011年からの改革

- 人事の刷新
- スタジアムの設備改善 (VIP ルームなど)
- 公園内でのビアガーデンなどのさまざまな施策
- 地域密着 (I Love Yokohama キャンペーン)

図表 5-6

	球団法人名	オーナー	チーム名	ホームスタジアム	優勝
1949	株式会社まるは球団設立	大洋漁業	まるは球団	下関市営球場	セントラルリーグ設立
1950	株式会社大洋球団		大洋ホエールズ		
1953	株式会社大洋松竹球団		大洋松竹ロビンス	大阪球場	
1955	株式会社大洋球団		大洋ホエールズ	川崎球場	セリーグ優勝日本シリーズ制覇
1960					
1978			横浜大洋ホエールズ		
1992				横浜スタジアム	
1993	株式会社横浜ベイスターズ	マルハ株式会社	横浜ベイスターズ		日本シリーズ制覇
1998					2度目のセリーグ制覇
2002		株式会社東京放送			
2011	株式会社横浜 DeNA ベイスターズ	DeNA	横浜 DeNA ベイスターズ		

● 選手によるファンサービスの充実
● ベースボール・オペレーション・システム（選手個々の状態や情報、試合などでデータ化した情報をクラウド上で一元管理するシステム）
● オリジナル醸造ビールの開発（ベイスターズ・エール、ベイスターズ・ラガー）
● TOB（株式公開買い付け）による株式会社横浜スタジアムの買収・連結子会社化（2016 年 1 月）

　このような、普通の感覚で言う"経営"がなされていなかったプロ野球の球団経営に"経営"という概念を持ち込んで実践したことから、さまざまな変化が起きたのです。
　上に挙げた改革と成果を簡単にまとめたのが、図表5-7〜5-9です。要約すると、経営資源（人・モノ・カネ）を活かし、売上げを増やし、支出となる費用を削減する努力を継続し、組織を永続させていくのが"経営"であるということです。

● 126 ●

第 5 章　スタジアムビジネス

図表 5-7

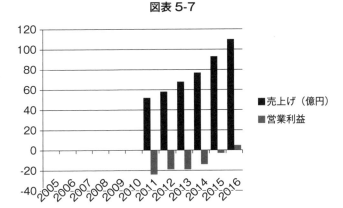

図表 5-8

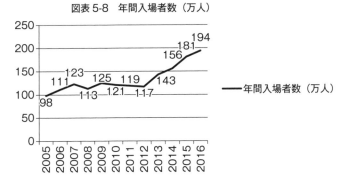

図表 5-9　横浜 DeNA ベイスターズの変革

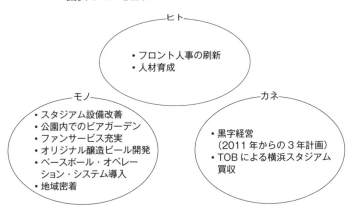

（3）新たなユベントス・スタジアムでチーム再生（イタリア）

　ユベントス FC は 1897 年設立の歴史と伝統のあるクラブであり、ミシェル・プラティニやデル・ピエーロなど、日本でも人気のある選手がプレーしていたことでも知られているビッグクラブです。

　イタリアの自動車会社フィアット社のオーナー、エドアルド・アニエッリ氏が長年会長を務め、現在はアンドレア・アニエッリ氏が会長を務めています。また、イタリア証券取引所に上場しており、2016 年にフォーブスが公表したサッカーチーム資産価値ランキングでは 9 位につけています。

　カルチョ・スキャンダル（2006 年 5 月に発覚した、複数クラブによる審判買収事件）により、2 部リーグにあたるセリエ B に降格させられ、そのほかにも罰金・罰則を課されるという事態に陥ります。これを機会に、経営と内部統制システムを確立し、2007 年からはコーポレートガバナンスに関する年次レポートも発行しています。

　こうした経営体質改善の最中に、新スタジアムの開発を決断します。もともと、それまでのスタジアム（スタディオ・デッレ・アルピ）を 2003 年にトリノ市から購入し（約 2,500 万ユーロ、32 億 5,000 万円）、2004 年には新スタジアムのプロジェクトが発表されていました。ところがカルチョ・スキャンダルの影響で計画が遅れ、ようやく 2008 年に新スタジアムの工事を開始。2011 年 9 月に、イタリアで初めてのクラブ占有スタジアム、ユベントス・スタジアムが完成したのです。

スタジアム概要

　　収容人数：4 万 1,000 人
　　開発費用：1 億 2,500 万ユーロ（162 億 5,000 万円）
　　VIP 向けシート比率：8.8 ％
　　付帯施設：ミュージアム、ユース選手向けカレッジ、ショッピングセンター

　ユベントス FC の事例については、以下に挙げるいくつかのポイントがあります。

●クラブが所有し、開発
●付帯施設の充実
　商業施設
　ミュージアム
　ユース向け施設（カレッジ）
　VIP向けシート・ボックスシート
●資金調達
　スポーツ信用銀行からの融資（12年）
　商業施設との契約：2,025万ユーロ（26億3,250万円）
　Sportfiveとの契約：7,500万ユーロ（97億5,000万円）

　ここで注目すべきは、スタジアム開発という視点だけではなく、クラブがカルチョ・スキャンダルを契機に経営体制を刷新し、透明性を高め、オーナーシップだけではない"クラブマネジメント"に本格的に取り組み始めたという点です。
　その成果は、図表5-10を見ると明らかでしょう。

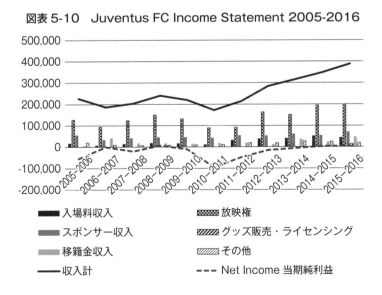

図表5-10　Juventus FC Income Statement 2005-2016

【参考資料】

- J League News 特別版 2016（スタジアムの未来）
- UEFA ガイド　スタジアム建設の手引き
  （http://www.jleague.jp/aboutj/stadium/uefa_guide.html）
- 世界の街のサッカースタジアム（http://www.jleague.jp/aboutj/stadium/movie.html）
- KPM Gスポーツアドバイザリー
- （https://home.kpmg.com/jp/ja/home/insights/2016/11/sports-advisory-20161115.html）
- 『空気のつくり方』（池田 純／幻冬舎）
- 『しがみつかない理由』（池田 純／ポプラ社）
- Juventus FC Financial Report 2015-2016

第6章
スポーツとキャリア

　キャリアという言葉はよく聞く言葉だと思います。この章では、キャリアとは何かという根源を紐解き、その意味をしっかりと理解した上で、スポーツで言うところのキャリアに特化して説明していきます。中でも、アスリートのセカンドキャリアに重点を置きたいと考えていますが、アスリートだけではなく、さらに広くスポーツ界で働く人のキャリアについても触れていきます。

スポーツ界におけるキャリア

（1）キャリアの定義

「キャリア」の語源は「轍(わだち)」です。轍とは馬車や車が通った後にできる跡のことで、つまり、振り返ったときにわかる自分がたどってきた痕跡がキャリアなのです。いわば「今まで歩いてきた道のり」であり、そこに自分の経験などを含めた人生全体を表す言葉であると言ってもよいでしょう。

そして、社会人・職業人として自立することを教えるのが「キャリア教育」であり、これからの自分の生きる術(すべ)や場所を考えていくこと、これから自分がキャリアをどうマネジメントしていくかということが「キャリア開発（Career Development）」です。

「キャリアパス」（パスは道という意味）というのは、ある職種に就くために必要な一連の経験とその順序です。後述しますが、例えばJリーガーになりたいなら、中学・高校・大学などのサッカー部、あるいはJクラブのアカデミーやユースなどを経験することがキャリアパスです。

「セカンドキャリア」は、プレーヤーを引退したあと、どう生きていくかというものです。子供も含めて、高校や大学でサッカーをやる人はたくさんいますが、プロになれるのは1学年でせいぜい40人か50人くらいの狭き門です。ほとんどの人はプロになれるわけではないので、プレーヤー以外のキャリアも考えておかなければいけません。

さらに今では「デュアルキャリア」という言葉もあります。高校や大学のサッカー部員などは、学生生活とプレーヤーとしての生活を両方とも大事にしていかなければなりません。そうすることで初めて将来につながります。

ここで大事なのは、セカンドキャリアまでを含めたものがキャリアなのだ、ということです。

第6章　スポーツとキャリア

（2）プロへの道を開くサッカー環境の整備

　小学生男子の人気職業ランキングで、常にトップを争うようになっているプロサッカー選手。どの年代のランキングを見ても、だいたい1位2位は野球とサッカーになっています（図表6-1）。

　スポーツ選手はやはり人気が高いのでしょう。プロがあると、憧れもあるし将来の職業としての選択肢としても入ってきます。日本人選手が活躍しているスポーツで、なおかつプロがあるスポーツが人気のようです。

　サッカー選手が、将来なりたい職業のトップを争うようになったのはここ20年〜30年のことです。その背景には、Jリーグの発足とその後のクラブ数の増加（2017年現在で54チーム）と、Jリーグがクラブの下部組織であるアカデミーの充実をクラブライセンス制度の条件にしていることがあります。サッ

図表6-1　日本FP協会『将来なりたい職業ランキング2016』

第10回　男子児童			第10回　女子児童		
順位 （前回）	職業	票数	順位 （前回）	職業	票数
1 (2)	サッカー選手・監督など	186	1 (5)	保育士	133
2 (3)	野球選手・監督など	148	2 (1)	医師	117
3 (1)	医師	104	3 (2)	パティシエール	110
4 (4)	ゲーム制作関連	71	4 (7)	看護師	96
5 (15)	建築士	48	5 (3)	薬剤師	73
6 (7)	バスケットボール選手・コーチ	46	6 (6)	獣医	70
7 (12)	教師	40	7 (4)	教師	69
8 (6)	警察官・警察関連	39	8 (12)	ファッション関連（デザイナー等）	68
8 (17)	水泳選手・コーチ	39	9 (7)	美容師	59
10 (10)	テニス選手・コーチ	38	10 (15)	幼稚園教諭	44

第10回「小学生『夢をかなえる』作文コンクール」応募作品を集計
応募期間：2016年5月2日〜10月31日

● 133 ●

カースクールの収入が、Jクラブにとって大きな収入源になっていることからも、サッカー人気の向上に大きな役割を果たしているのがわかります。

現在の日本のサッカー環境がなぜ充実してきのかを表したのが、図表6-2です。大きく5つの要因に分けてありますので、それぞれについて説明していきます。

図表6-2 サッカー環境の充実

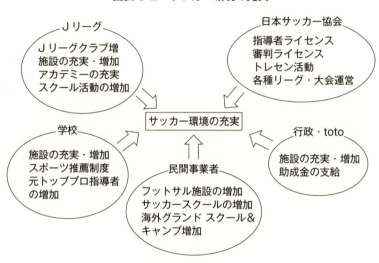

① Jリーグ

アカデミーの充実は、各クラブが存在する地域におけるサッカーの普及活動や、小学生から高校生までのカテゴリーでのチーム活動につながっています。その成果もあり、日本の子供たちがサッカーをプレーすることは、ごく普通のことになりました。

また現在では、ヨーロッパサッカーの人気にあやかり、世界のトップレベルのクラブが日本でキャンプを実施したり、常設のサッカースクールを展開したりもしています。

第6章　スポーツとキャリア

②日本サッカー協会

　世界でも認められている点ですが、審判のライセンス、指導者のライセンスが非常によくオーガナイズされています。少年を指導するC級ライセンスの保持者もかなり増えていて、お父さんコーチでも持っている人が多くなりました。少年団には必ず1人はライセンス保持者がいなくてはいけないというルールもあって、指導者ライセンス制度がかなり普及しました。お父さんコーチたちの指導のクオリティもかなり上がっており、こうしたことも底上げの大きな要因になっています。

　さらに、地域のトレセン活動からナショナルトレーニングセンターまで、たとえチームが弱くても、優秀な人材を個人として育てようという仕組みが出来上がっています。

　また、Jリーグをはじめとする天皇杯はもとより、都道府県のサッカー協会も各都道府県単位でリーグ大会を運営しています。サッカーをしたい人が参加できるさまざまな大会があるということも、サッカー協会の大きな貢献です。

③学校

　スポーツ推薦制度を活用してスポーツを推し進めています。今や私立の中学・高校・大学では、元トッププロが雇われて部活の指導をすることが当たり前になってきました。それもあって、学校の部活動の競技レベルも上がってきています。

　施設の充実も目覚ましく、人工芝のグランドを持っている私立の学校は当たり前になっています。やはり日本のスポーツ施設は、学校と行政がいまだにメインなので、学校の施設の充実が目立ちます。

④行政、toto

　助成金でサッカーコートなどの施設の充実が図られていることも、環境の充実に大きく寄与しています。

⑤民間事業者

　サッカースクールやフットサル施設が増えてきたこと、海外ブランドのサッ

● 135 ●

カーキャンプの開催、バルセロナやインテル、ミランなどが常設のサッカース
クールや夏のキャンプを毎年のように実施するようになり、すごく人気になっ
ていること。こういった、サッカーをしたい選手にとっての選択肢が本当に増
えてきました。このサッカー環境の充実が、サッカーの裾野を広げる大きな要
因になっています。日本代表が強くなっている要因にもなっていると言えるで
しょう。

　こうした多方面からのアプローチにより、子供たちを含めた選手たちがサッ
カーというスポーツを楽しめる地盤が出来上がったことが、日本のサッカー普
及の大きな要因となっているのです。
　サッカー環境を充実させるにあたってのハードルは、Jリーグ誕生当時はか
なり高かったと言われています。しかし2002年のワールドカップ開催が大き
な起爆剤となりました。totoも、そのワールドカップがきっかけで、スタジア
ムも10基できました。
　つまり、1993年のJリーグ開幕と2002年のワールドカップ開催が、マイル
ストーンとして大きかったということです。逆に、2002年がなかったらここ
まで進んでいなかったとも言えます。やはりワールドカップのような大きな大
会は、スポーツ産業には大きな影響を与えます。1964年の東京オリンピック
開催でも、ハード面がかなり充実したという歴史があります。2002年のワー
ルドカップでは、施設などはもちろんですが、裾野を広げるといったソフト面
の充実に最大の功績があったと言えるかもしれません。

（3）プロサッカー選手へのキャリアパス

　環境の充実とともに、サッカー選手になるキャリアパスもある程度のパター
ンが固まってきました。
　図表6-3は、2017シーズンJリーグに加入した新卒選手を出身別に表したも
のです。大卒と高卒の人数比はほぼ同数ですが、大卒の中にはJクラブのユー
ス出身者が17名います。また、グラフにはありませんが、大卒（高体連）、高
卒（高体連）の中にも中学時代にJクラブのジュニアユースに所属していた選

● 136 ●

第6章　スポーツとキャリア

図表6-3　2017シーズン Jリーグプロ新人選手出身別内訳（127名）

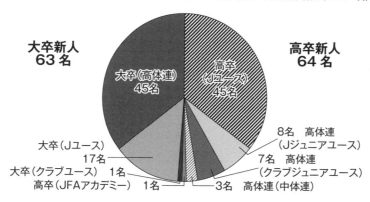

資料提供：Jリーグ提供

手も15名いるので、Jリーグでプロになる選手の約6割は、Jリーグのクラブ（アカデミー）出身者であることがわかります。

　ところで、プロサッカー選手になるには、高卒時か大卒時にプロ契約することが主流となっています。しかし、そのほかにも高校在学時や大学在学時にJリーグチームで選手登録し、プロリーグでプレーするシステムもあります。また、高卒や大卒で、Jリーグクラブを経ずに海外のクラブと契約するパターンも出てきています。

　また、現状では、大卒の新人と高卒の新人の比率は約50：50となっています。

　次に、サッカー選手へのキャリアパスをイチから示したのが図表6-4です。

　横軸は年齢（学校）で、早い子供は3歳ぐらいから始めるとして、大卒までとしてあります。スタートは、地域の少年団や地域のクラブチーム、Jクラブのスクールなどです。そして、小学校に入ったら少年団やジュニアのJクラブチームに入って、このあたりから地域のサッカー協会のトレーニングセンター活動も始まります。中学校に入ると、中学校のサッカー部か地域のクラブチーム、Jクラブのジュニアユースに入る。このカテゴリーでは、高円宮杯という大きな大会があり、アンダーの代表も選出されます（U-15、U-14、U-13など）。ナショナルトレセン活動も始まります。

図表 6-4　プロサッカー選手へのキャリアパス

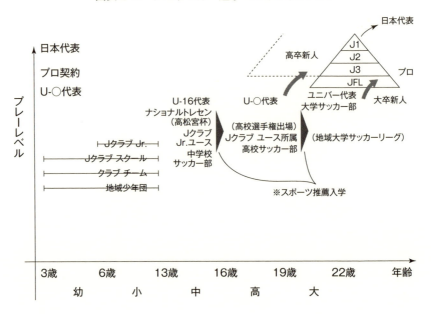

　縦軸は、プレーのレベルの高さです。高校生になると、高校のサッカー部かJクラブユースに所属する。そして高校選手権に出るか出ないかの分岐があって、さらにアンダー代表も選出される。そしてここから、上の点線部分のプロ、トッププロというカテゴリーに高校卒業で入る選手が出てきます。

　プロというカテゴリーもピラミッド状態で、JFLはプロではないので点線より下にしました。J3、J2、J1と、さらに直接海外へ行くというケースもあります。高卒で直接海外のクラブに行くという例も出てきています。

　中学と高校、高校と大学の間に、いわゆるスポーツ推薦入学というシステムがあります。

　大学へ進むと大学のサッカー部ですが、これも非常に充実していて、地域の大学サッカーリーグがあって、インカレ（全日本大学サッカー選手権大会）や総理大臣杯があって、ユニバーシアード代表というカテゴリーの代表チームがあります。そして、大卒でプロになる選手もいます。そういうキャリアパスを図示したものです。

第6章　スポーツとキャリア

　点線で書いているトッププロですが、Ｊクラブのユース (U-18) 所属選手は、2種登録すれば、Ｊリーグの試合に出場でき、高体連の選手は「特別指定選手」制度でＪクラブに登録すれば、Ｊリーグのトップチーム公式戦に出場することができます。

　図中の「高円宮杯」は、正式には「高円宮杯全日本ユース (U-15・U-18) サッカー選手権大会」と称されるものです。一発勝負のトーナメントではなく、年間を通じて都道府県レベルからリーグ戦を実施し、最終的には各地域を代表するチームによる全国大会を開催し、日本一を決めます。クラブチームと、中学校・高校のサッカー部がともに参加しています。

　「全日本高校サッカー選手権大会」とは、Ｊリーグクラブや民間のクラブチームは参加できず、高校サッカー部だけが参加できる大会です。

　Ｊ以外でのリーグ戦も数が多く、地域のリーグ戦、ジュニアユースレベルのリーグ戦、プリンスリーグというちょっとレベルの高いリーグなど、大会構成がけっこう複雑で、何層にもなっています。一般的に有名な全国高校サッカー選手権も、Ｊクラブユースチームの選手は出場しません。ユースレベルの大会がちゃんとあって、高いレベルでプレーしています。ユースリーグ戦でも昇格・降格があります。

　例えばU-18では、各都道府県でリーグ戦が開催され、その上に地域におけるリーグ戦（プリンスリーグ：関東リーグなど、全国9地域）があり、さらにその上に最上位リーグであるプレミアリーグ（西日本・東日本で各10チーム）が存在します。各リーグ間の入れ替え（昇格・降格）もあります。

　少し前までは、高校サッカー選手権がＪリーガーを多く輩出していました。しかし今は逆転して、Ｊユース出身者のほうが多くなっています。高校選手権に出て、そのまま高卒でプロに入るという選手は以前よりも少なくなり、大学に行くようになりました。高卒すぐでは、よほどでないとＪの試合には出られません。であれば大学で揉まれてからという選手が増えています。

　スポーツによってキャリアパスにはいろいろ違いがあります。サッカーならサッカーで、野球なら野球で、どういうキャリアパスがあるのかをしっかりと思い描いておくことが大事です。より高いレベルをイメージできれば、自分のキャリアをアップさせる道も見えてくる。しかし、キャリアパスをいい加減に

139

考えていると、レベルアップもできなくなってしまいます。

　例えばサッカーの場合、プロになれたとしても、2〜3年で3〜4割の選手が現役を続けられなくなるという厳しい現実があります。ですから、ただ「サッカー選手になる」という単純な目標ではなく、どのようなサッカー選手になるかという具体的な目標まで考えておかなければならないと思います。

　また、J1で数千万円稼ぐ選手も、J3でプレーするだけで生計を立てるほどの給料ももらえない選手も、同じサッカー選手には違いありません。したがって、自分がどのレベルを目指しているのかを明確にしておくことも大事です。誰もがJ1のトップレベルを目指す必要はなく、働きながら高いレベルでサッカーを続けるというキャリアもあるのです。しっかりとした生活基盤を確保した上でプレーを続ける。そういう選択肢も考えるべきでしょう。

　大切なのは、自分をしっかりと客観視できること。つまり、サッカー選手としてどのような評価を受けているのかを理解することです。

　そして、その評価をもとに自分のキャリアを描く。言うならば、夢と現実のバランスを取ることが重要となります。

コラム　〜現実化した夢、プロサッカー選手〜

　1993年に開幕した日本のプロサッカーリーグ、Jリーグ。当初10チームで発足し、その後クラブ数を増やし続けて、2016年時点ではJ1からJ3まで合わせると53クラブが存在しています（図表6-5）。

　プロ選手としてクラブと統一契約書を交わしている選手の数も2014年シーズンの登録選手は1,433名となっています（図表6-6）。

　しかし、プロ契約しているものの、バイトをしながらプレーしている選手から、年俸にして億を超える選手まで、それこそピンキリの世界です。ヨーロッパの5大リーグ（イングランド・ドイツ・フランス・スペイン・イタリア）のトップリーグで活躍する日本人選手たちは、もちろん数億円の年俸をもらっています。

　Jリーグが開幕した当初は、国内で活躍する選手で年俸が1億を超える選手が数十名はいただろうと思われます。しかし今日では、国内でプ

140

第6章 スポーツとキャリア

図表 6-5　日本のプロサッカーチーム所在地

図表 6-6　登録抹消選手年度別推移

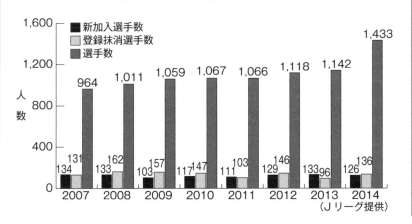

（Jリーグ提供）

レーする選手でそれだけの報酬をもらっている選手は数名にすぎません。まだまだプロ野球とは桁が違う水準です。

筆者が小学生の頃（1980 年代）、卒業文集に書いた将来の夢は、「サッカー選手」でしたが、当時はそのような職業は存在しておらず、「そんな世界があればいいなあ」くらいの手の届かない本当の夢として書いたものでした。

しかし今日では、小学生の将来の希望する職業で、プロサッカー選手は常にトップを争い、非常に現実的で実現可能性の高い夢となっています。夢が身近になったのは素晴らしいことです。

トッププロの世界が、金銭的に誰もがうらやむ世界にならなければならないし、トッププロはそこを目指すべきだと思います。その点で、Jリーグはもっとビジネスを拡大し、マーケットを広げ、動くお金を増やしていかなければなりません。

そして、サッカー選手自身も、社会での地位を上げていくべく、努力する余地はまだまだあると思うのです。

（４）スポーツ推薦制度の功罪

日本のスポーツ界の大きな特徴として、スポーツ推薦制度があります。スポーツに秀でている学生は試験が免除されたり、ときには学費さえも免除されたりすることもある。言い換えると、そのスポーツだけに一生懸命取り組んでいれば、名前のある大学にも入学できるし、卒業もできるという仕組みなのです。

国内にある、学業でもスポーツでも有名な私立高校の話です。

その高校のサッカー部では毎年、5～6 人の生徒が AO 入試で慶應義塾や早稲田、青山学院などに進学します。それがサッカー部にとっても 1 つの売りになっているそうです。

いいか悪いかは置いておいて、学校側としては、学生がスポーツにおいて高いパフォーマンスを上げることによって知名度が上がり、入学志願者数が増え、

● 142 ●

第6章　スポーツとキャリア

偏差値も上がっていくというメリットがあります。だから、そういうスポーツ推薦制度が一般的になっているのです。

　一方、アメリカのスカラーシップ制度では、スポーツにおけるパフォーマンスだけではなく、学業における成績も高いレベルで求められます。スカラーシップアスリートという呼び名もあり、オリンピックのような世界大会で活躍するアスリートが弁護士や医師などの資格を取得して、その道でさらに活躍する選手のことを指します。もちろん彼らは世間から賞賛を浴びます。

　スポーツ選手がケガをして競技を続けられなくなったとき、大学に入り直すというケースも、アメリカなどではよくあります。やはり大学そのもののステータス自体が全く違う。ちゃんと勉強しないと卒業できないから、卒業したことがちゃんとステータスとして認められるのです。

　日本には「文武両道」という言葉があります。しかし実際には、スポーツ推薦制度は"武"のみであり、"文"が二の次になってしまっています。多くのオリンピアンやプロアスリートも、小さな頃からそのスポーツのトレーニングに長い時間を費やし、他の学業や遊びを犠牲にしている傾向があるように思えてなりません。

　それでもトップを極めてプロで活躍できればいいのですが、そうはいかないのが現実です。高校に入ったけれども鳴かず飛ばず、あるいは大学に入ったけれどもケガで競技をやめるという場合も多い。そういう実態は決して表には出てきませんが、そんな環境は、アスリートとしてのキャリアを終えたあとの大きな問題となっています。

　楽天球団でGMも務めたマーティ・キーナートさんが『文武両道、日本になし』という本を書いていますが、まさに現状のスポーツ推薦制度に"文"がないという原因の一端を理解させてくれるものです。

　また、小学生のカテゴリーから全国大会が人気となっている日本の現状では、育成段階においてもチームの勝利が強く求められる環境にあります。強い個が育つ一方で、スポーツの楽しみを経験できないまま、そのスポーツから離れてしまう選手が多数存在していることも理解しなければなりません。さらに言えば、小学生の全国大会がある国は稀です。イギリスなどは、ある一定の年齢までは試合の結果はメディアに出してはいけないと決められています。チームの

143

結果などはどうでもいいという考えです。

　ただし、それだけオーガナイズされた大会を運営できること自体は、日本のサッカー界のすごさでもあります。しかし、「そんなものは必要ない」「何歳で勝利を求めているんだ」という価値観もあるでしょう。とはいえ、この大会の主催は読売新聞で、皮肉なことにメディアにとっての人気コンテンツなのです。

　小学生大会だけではなく、高校サッカー選手権ですらも本当は必要ない、という考えもあります。高校野球などは典型ですが、一人のピッチャーに連投させることへの批判は、ずっと言われています。それでも文化的な背景とか企業などの思惑に国民が乗っかっていることもあるだろうし、いまさら高校野球をやめるわけにもいきません。

　私見ですが、高校サッカー選手権のスタンドを見ていると、そこに何十人あるいは100人以上ものサッカー部員が応援団として駆り出されています。レギュラーではないサッカー部員ですが、彼らはいったい何をやっているのかと言いたくなります。高校3年間レギュラーになれなくて、スタンドで応援していて、それが美学のように語られてしまう。そういう現状があります。そこは冷静に考えなければならないところです。

　スポーツの価値にはいろいろとありますが、その1つが"人間の育成に大きく寄与する"というものです。スポーツを経験することで、実社会でも活躍できる人間に育つことができます。特に学校スポーツでは、視点はあくまでも教育にあるべきであり、学生としての土台があってこそのスポーツであるべきです。しかし現状では、高いレベルでプレーすることを望むなら（プロ選手やオリンピアンになりたいのであれば）、勉強よりも競技生活に集中しろという環境づくりがなされているという問題があります。

　若い学生アスリートを取り巻く大人たちが、「夢は叶う」などと無責任に言いがちなのも大きな問題です。

　私は、「プロサッカー選手になれるなんて簡単に思うな！」と、常々子供たちや学生選手たちに伝えています。夢をつぶそうというのではありません。厳しい現実をありのままに伝え、それでもチャレンジするというのであればもちろん応援します。厳しいからやめておこうというのであれば、それもよし、と

第6章　スポーツとキャリア

いう話なのです。

　学生選手たちを取り巻く大人や社会が、彼らのキャリアについても責任を持つべきだというのが私の考えです。なぜなら、後述するプロ選手のセカンドキャリア問題は、実はすでに学生の段階でも問題となっているからです。

　例えば、サッカー選手になりたいと勉強もせずに必死で頑張ってきた学生が、自分のサッカーキャリアに折り合いをつけて就職活動を始めなければならないターニングポイントに差し掛かります。この段階での葛藤は、プロ選手が引退するときに経験するそれと共通している点が非常に多いのです。

　スポーツに携わる人間としては、ただ選手たちを後押しするだけではなく、サッカーやその他の競技だけに専念することのメリットとデメリットを、しっかりと選手たちに伝えることも心掛けなければなりません。プロ選手であろうが、普通に会社勤めをしながらであろうが、スポーツとの関わりは一生涯続けることができます。なにも辞める必要はない。そういった視点も持っておく必要があるということです。

コラム　〜無責任な大人の言葉とスポーツ推薦制度〜

　今日では、多くの少年少女がプロのサッカー選手になりたいと夢見ます。また、プロ野球選手になりたいと思っています。素晴らしい話ですし、多くの子供たちが夢を持ち、それに向かって一所懸命努力することは、それこそ教育におけるスポーツの価値です。

　しかしながら、そんなに簡単に実現する夢ではないことも、ちゃんと知っておく必要があると思うのです。

　私は常々、違和感を覚えていることがあります。大人が簡単に「夢は叶う」と子供たちに言うことです。大人が無責任に子供たちの背中を押すことです。

　「夢は叶う」と信じて、スポーツに必死に取り組むのはよいことです。加えて、日本にはスポーツ推薦制度というものがあります。スポーツで秀でていれば、学業がよほどひどくなければ、高校や大学に入れてもらえる制度です。

● 145 ●

大人に背中を押され、教育システムにおけるスポーツ推薦制度で高校や大学へ行き、学業はさておき、必死でスポーツに取り組む。しかしそんな特待生の中でも、プロとして生きていくことのできる人間は、ほんのひと握りしかいません。それ以外の選手は一般社会で生きていかなければならないのです。

　大学2年、3年になっても、まだプロサッカー選手を夢見てプレーする学生がいるということについては、大人が責任を感じなければならないと思っています。

　また、プロになれたとしても、3年から4年で、約半数の選手がプロとしてプレーする機会を失います。本当に厳しい競争の世界なのです。

　だからこそ、プロ選手のセカンドキャリアは深刻な問題です。スポーツの世界を支える大人としては、そこまで考えて、子供たちの夢について言葉を掛けてあげるべきではないでしょうか。

「プロになんて普通はなれるもんじゃない」

「厳しい世界だぞ。それでも目指すのか？」

　そう、子供たちには問いかけてあげるべきです。

セカンドキャリアとキャリア教育

（1）アスリートのセカンドキャリア問題

　キャリア危機という言葉があります。サラリーマンでは、30代〜40代になってふと自分を振り返ったときに、「自分は何をしているんだ、何をしてきたんだ」と思う時期があります。これがキャリア危機です。
　プロサッカー選手を例に取ると、次の2つの危機を迎えることになります。

　　①生活をしていかなければならない危機
　　②何をしてよいのかわからない危機

　①は、生活できるのか、食べていけるのか、という危機です。海外でやっている選手やJ1で10年以上やっている選手などは、ある程度蓄え（金銭・財産）はあるでしょう。ただ、そうでない限りは大した蓄えはない。蓄えがあればそれだけ時間が稼げますが、ほとんどの場合、すぐにでも働いて稼がなければならない状態となります。
　まして家族がいる場合にはなおさらです。やりたいことを探す以前に、生活していくためにお金を稼ぐ必要に迫られます。
　私の場合は、辞めたときには家族が数年間食べていけるだけの蓄えは残していました。だから、これからのことを考えたり、あれこれ試行錯誤したりすることもできたのですが、それでも何をしていいか全くわからなかった。何から手をつけていいのかがわからないという状況でした。
　それこそが②の危機です。子供の頃から明けても暮れてもサッカーばっかりやってきて、ある日突然「もうやらなくていい」と言われる。サッカー以外に何をしてよいのかがわからないという状況に陥るのが一般的です。
　私も何もわからないまま、それでもいろいろな人がいろいろな話を持ってきてくれたものを、とりあえず何でもやってみました。そのときに感じたのは、サッ

カー選手のときには周りから挨拶に来てくれるので、自分から行くことに慣れていないということでした。ですから、自分から知らない人に挨拶に行くというハードルが、最初はものすごく高かったのです。周囲が自分に興味を持っていることが当たり前だったので、そのギャップの大きさにも驚かされました。

もちろんパソコンのスキルもないのが当たり前で、職業人としてのスキルも社会的な常識もない。そういう知的レベルも、生活レベルについても、順応させていく必要性にも迫られました。

この危機を、マズローの欲求5段階説によって説明してみます(図表6-7)。

図表6-7 アスリートのセカンドキャリア問題 −サッカー選手の例−

①の危機では、生理的欲求と安全欲求の充足を求めることになります。ここが充足されて初めて、自分がどこに所属して何をしたいかという次の欲求を考えることができます。

②の危機は、マズローでいうと社会的欲求・尊厳欲求、そして自己実現欲求の充足を求めている状態です。

現役サッカー選手のときは、プロサッカー界という世界に所属し、周囲(社会)からは1人の立派なプロアスリートとして認められています(尊厳欲求の充足)。ここから先は、どの程度アスリートとして自分の掲げる目標を達成できたかにも左右されますが、自己実現の世界に足を踏み入れることができます。

簡単に言えば、お金も(普通の同じ年代の社会人よりは)たくさんあり、好きなこと(サッカーをプレーすること)が好きなだけでき、周囲(社会)からも認められるという、非常に幸せな環境で生きることができるのです。

素晴らしいことなのですが、その幸せな状態が、引退に直面した途端に崩れることになるのです。

元日本代表の選手などは、ある程度自己実現欲求を満たしています。元Jリーガーならば尊厳欲求も満たされていたし、社会的欲求は当たり前にある。

ところが引退した瞬間に、突然にそれが崩れます。例えばJ2、J3以下の選手であれば、安全と生理的欲求すらも満たされない可能性が出てきます。J1、J2の選手だと、尊厳欲求、社会的欲求が満たされず、自分の立ち位置がわからなくなるというところまで落ちてしまいます。日本代表選手クラスであれば、メディアで活躍できる場合もあるので、尊厳欲求くらいまではなんとか保つことができるかもしれません。

いずれにせよ、2段階3段階、急激に落ちるわけです。普通は下から順番に欲求が満たされていくというのがマズローの説ですが、逆に落ちていく厳しさがリアルに感じられるのが引退後の現実です。

マズローの欲求5段階説の応用を大学生がちゃんと覚えておいて、自分がこうなったらどうなるんだろうと日頃から考えておく。そうすれば、サッカー選手が引退したときに矢印が2段階3段階、ガンッと落ちるんだという予測がつきます。だから、辞める前に最低限の物はキープしておこう、底辺まで一気に落ちないようにしようと、ある程度準備しておくことができます。

全く落ちないということは、どんなトップの選手であってもあり得ないのです。

私の場合、社会的欲求すら満たされなくなりました。浦和レッズを辞めてフリーになった瞬間に、「オレはどこの誰なんだ〜」と思うようになってしまった。「どうすればいいんだ〜」となって、そんな状態からセカンドキャリアを始めたものです。

大事なのは、登るべき違う山を見つけることかもしれません。そのためには、最低限の生理的欲求だけはクリアしておいて、考える時間を持てるようにすることが必要です。その上で新しいキャリアパスを見つけることも大事です。

ですから、お金だけは本当に貯めておきなさい、お金が時間をくれるからと、私はよく周囲に言っています。家族がいるならば、なおさらです。

プロサッカー選手は、セカンドキャリアとしてどんな道に進んでいるのです

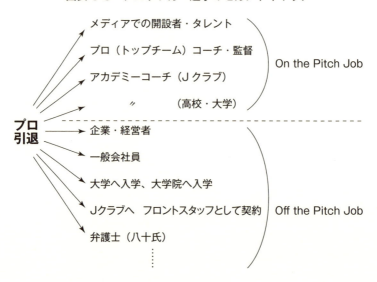

か、とよく聞かれます。図表6-8は、プロサッカー選手のセカンドキャリアの例をピックアップしたものですが、上部の「アカデミーコーチ」「高校・大学のコーチ」くらいまでがサッカー界です。Jクラブのフロントスタッフというのも、アカデミーコーチの下に入ります。

　サッカー界の仕事も、オンザピッチのものとオフザピッチのものがあって、オンザピッチは現場です。選手からコーチへの移行は、ギャップが少ないためスムーズにできます。しかしオフザピッチの仕事となると、メディアでの解説などもそうですが、フロントスタッフとして働くことも少しハードルが高い種別になります。

　下部がサッカー界以外の仕事です。就職する人もいるし、大学や大学院に入り直す人もいます。起業する人、経営者になる人、それぞれです。

　割合としては、半分以上はサッカー界での仕事を選びます。6割7割くらいかもしれません。それくらいの受け皿はあるということです。クラブ数が増えていることもあるでしょう。

　今のサッカー界のセカンドキャリアとしては、高校や大学のコーチになる人

が非常に増えています。しかも条件が悪くないのです。J2やJ3のアカデミーのコーチよりも断然いい条件です。Jリーグの出身者は、指導者としてのライセンスをほとんど取得しているので、指導者として生活していくことは比較的容易にできます。

引退するときに、「極めた人間なんだから、何か持っているだろう」とよく言われました。「それをスポーツ以外の世界でも活かせるはずだ」と、皆言うのですが、そんな簡単なものではないのです。「やり方を教えてくれよ」と言いたい気持ちでした。

アスリートを引退するのは、多くの場合30歳前後です。一般の会社であれば稼ぎ頭であり、最も活躍している年代です。そこに、ある程度の社会的地位と報酬を得ていた現役時代から一転、一社会人としての最低限のマナーやルールすら身につけていない元アスリートが割って入るのは、心理的ハードルが非常に高いはずです。

アスリートのセカンドキャリアを、自分の立ち位置を明確にする方法として「ジョハリの窓」を使って説明してみたいと思います（図表6-9）。

ジョハリの窓とは、「自分も他人も知っている自己」「自分は気がついていないが他人は知っている自己」「自分は知っているが他人は気づいていない自己」「誰からもまだ知られていない自己」という4つの窓（カテゴリー）に分類して、自分を理解することです。他人とのコミュニケーションを円滑にする方法とされていますが、私の持論では、キャリアの説明にも有効に使えると考えています。

図表6-9 ジョハリの窓

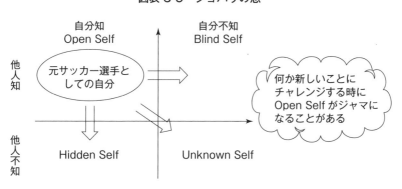

矢印が重要で、自分のライフステージ、生きる世界を変えるときに、誰かが押してくれるのか、自分の力で変えるのか、いろいろな作用なり力なりが必要となります。

　まず、元サッカー選手としての自分を左上に置きます。自分も知っていて社会の目もそのように見ているところです。コーチになるのであれば、ほぼ同じところにいることになります。しかし、自分の生きるステージを変えようとするとき、そこからの矢印を考えます。

　例えば、自分で認識はしていたけれど、本当はこういうことをサッカーでやりたかったと思っているとすれば、下へ向かう矢印になります。他人は知らないけれども自分は知っているところで表現していく、そういう意識の変革をしていかなければなりません。

　自分は知らないけれど、周りは知っている秘めた可能性が自分にはあるかもしれない。そう思う場合は右上に行って、気づいてない自分を知る必要があります。

　誰も知らない、もちろん自分も気づいていない未知の可能性があるのではないかと思えば、右下に行きます。

　そうやって新しい自分を知る、もしくは今まで出していなかった自分を表現するというプロセスが必要になってきます。これは、サッカー界以外で働くとした場合です。

　そのときに、左上の元サッカー選手である自分というイメージが、よい方向に働くこともあれば邪魔することもあるということを、ここで伝えておきたいと思います。

　私の場合は「元浦和レッズの西野」というある種の看板が一生つきまとっていて、「サッカー選手でしょ」みたいな反応をされてしまうことが多々ありました。そういうマイナスもあります。

　世間での見方やイメージが固まってしまっていることの弊害です。サッカー選手として有名になればなるほど、この「他認知」の影響力が自分に対して大きく作用します。それに縛られてしまう苦しさがあるのです。

　私も、最近ようやくなくなりましたけれども、やはりどこかで「元浦和レッズの西野」として見られている自分を意識しながら仕事をしていました。それ

第6章 スポーツとキャリア

は確かにいいことでもあります。営業などのときには知名度がプラスに働くことが多く、いまだに浦和レッズというクラブの大きさをあちこちで実感しているほどです。

しかし、セカンドキャリアという観点に立つと、そういったものをかなぐり捨てて、新たな自分を探すくらいの決意をするべきだと思っています。しかし、結局引きずられることもあります。かつての自分のイメージによって仕事ももらえるし、お金にもつながることが確かにあるからです。悩ましいところではあります。

私の場合は、他人には言っていませんでしたが、引退後は自分で会社を経営したいと思っていました。ですから、浦和レッズの正社員としての選択肢もありましたが、頼んで契約社員にしてもらい、下の「自分は知っているが他人は気づいていない自己」に行って、自分で表現しながら実現していった、というような感じです。

そのうちに、自分の知らなかった興味を持つものに出会って、それが「スポーツと教育」なのですが、右下の「誰からもまだ知られていない自己」へ進むことに決めました。こんなことが仕事として面白いんだと思えるところに行きました。それが今の自分のテーマになっています。

ただ、矢印の向きを決めるプロセスがものすごく悩むところ、苦労するところで、なかなか難しい。頂点を極めた人ほど他へ移るのが難しいものです。

引退してすぐに、右上の、自分はやりたくないしやったこともないけれど、やってみたらと言われる仕事が私にたくさん来ました。例えばテレビの解説です。馴染まないなと感じたのですが、「面白いからやってください」と言われて少しだけやりました。あとは、イベントの司会です。元浦和レッズという看板で来た仕事はひと通りやってみましたが、どうもしっくりきません。すると自然に声がかからなくなりました。

コラム ～プロサッカー選手のセカンドキャリアの現状～

アスリートのセカンドキャリアについては、ようやくその必要性が叫ばれ始め、さまざまな研究も重ねられ、専門にサポートする組織や会社

● 153 ●

も増えてきています。しかし、就職先の斡旋だけでサポートだと謳っている場合がほとんどです。問題の本質に迫るサポートはほとんど存在しないのが現状なのです。

　ここではセカンドキャリアの問題の本質として、「お金（生活）の問題（危機）」「キャリアの問題（危機）」に分けて考えてみます。

お金（生活）の問題

　今やJ1からJ3まで、いわゆる現役のプロサッカー選手は1,400人から1,500人ほど日本国内に存在します（Jリーグクラブとの統一契約書を交わしている人数ベース）。そこに、毎年120〜130人の新人が飛び込み、それとほぼ同数の選手がプロの世界を去っています。

　大多数の選手は、選手引退時に十分な蓄えがなく、すぐに仕事を探さないと翌年からの生活費にも困るという状況を迎えます。したがって仕事を選んでいるゆとりなどなく、すぐに食い扶持を探さなければならない状態で、これがお金（生活）の問題です。しかし、この課題は就職先斡旋というサポート手法でも解決できるものかもしれません。

キャリアの問題（危機）

　より深刻なのは、キャリアの危機です。

　エドガー・シャインというマサチューセッツ工科大学（MIT）の教授が、キャリア論の中で3つの問いを提示しています。

●何ができるか？
●何をやりたいのか？
●何をすべきなのか？

　この問いが引退時に選手を襲い、大いに悩まされます（私も悩まされました）。

　まず、サッカーをプレーする以外に何ができるのかがわかりませんでした。特に、30歳や30代半ばを超えてから引退する場合には、この問

● 154 ●

題は深刻です。20代半ばや前半であれば、それこそ大学に入り直して勉強をしたり、スポーツとは全く関係のない職種に就いて、イチから修行を始めることに抵抗も少ないでしょう。しかし、年を重ねてからではそれも難しくなります。

　学生時代、サッカーだけをしていれば進学ができて、さらにプロになってお金ももらえていたわけですから、それ以外の能力があるのか、あっても気づいていないのか、それすらもわからないのです。

　何をやりたいのかと聞かれても、サッカーをプレーしていれば幸せな人種ですから、それ以外にやりたいことなど簡単には見つけられません。

　何をすべきなのか？　果たして仕事は楽しめるものなのか？　嫌でも生活のためにしなければならないものなのか？　自分のためにだけ仕事をしていればよいのか？　世のため人のために仕事をすべきなのか？　私も全くわかりませんでした。

　トップアスリートのセカンドキャリアに関する問題は、これが本質です。この観点に立って、単発でのサポートではなく、ある程度の期間（数年）、本人の気持ちが整理され、少しずつ自分と向き合い、自分の言葉でキャリアを語れるようになるべく、寄り添っていくこと。それが本当のキャリアサポートだと私は思います。

（2）Ｊリーグの取り組むキャリア教育〜
　　Ｊリーグ版よのなか科〜

　Ｊリーグで行っているキャリア教育を紹介しておきます。

　Ｊリーグは、いち早く「選手のセカンドキャリア」に取り組んできました。2002年にはキャリアサポートセンターを立ち上げ、現役の選手や引退を決めた選手に対してさまざまなプログラムや機会を提供しています。

　2010年からは、Ｊリーグクラブのアカデミー選手（中学生年代）に着目し、「Ｊリーグ版よのなか科」というキャリアプログラムを作成しました。毎年、Ｊクラブのスタッフや選手ＯＢがファシリテーターとなり、選手はサッカー産業の

構造やサッカー界で働く人々の存在を知った上で、自分の将来像（キャリアプラン）を描くことに取り組みます。

図表6-10　Jリーグ版 よのなか科 構成

	内　容	実施日
第1回	Jクラブをとりまく"お金"から仕組みを考える	2017年◎月◎日（◎）
第2回	Jリーグがめざすものを考える	2017年◎月◎日（◎）
第3回	Jリーグを取りまく職業を考える	2017年◎月◎日（◎）
第4回	職業と「意志」「役割」「能力」の関係を考える	2017年◎月◎日（◎）
第5回	自分のキャリアイメージプランを考える	2017年◎月◎日（◎）

資料提供：Jリーグ

　第1回の「Jクラブをとりまく"お金"から仕組みを考える」という回では、クラブの収支について勉強します。実際の収支を見て、クラブの売上げはどれくらいでどんな売上げ項目があるか、経営を維持するためにはどんなことをしていけば良いかなどを考えます。

　第2回の「Jリーグがめざすものを考える」では、Jリーグはなぜプロ野球のように大都市の12球団に限定せずに地域に根ざしたクラブを目指すのかというお題についてのディスカッションを通じて学びます。

　第3回「Jリーグを取りまく職業を考える」では、サッカーに関する職業をできるだけたくさん洗い出すことで職業の多様性に気づき、選手としての自分が多くの人に支えられている事を学び、意識できるようになります。

　第4回「職業と意志・役割・能力の関係を考える」という回では、「意志」「役割」「能力」の観点からサッカーに関わる職業を掘り下げることで、意志を持つ大切さや役割と能力のギャップを埋めるために努力が必要であることを学びます。

　第5回の「自分のキャリアイメージプランを考える」では、集大成として、サッカー選手として自分自身の5年後の「意志」「役割」「能力」を可能な限り具体的な言葉で表現し、お互いに共有することでチームメイトの考えにも触れ、価値観や考えを共有します。

　実は、これと同じ内容を「産業能率大学　アスリートサポートプログラム」

として、産業能率大学サッカー部の１年生に私が教えています。その内容が図表6-11です。

図表6-11　プログラム全体スケジュール

	内　容	実施日
第０回	イントロダクション	2017年2月23日(木)
第１回	産業能率大学サッカー部について考える	2017年4月14日(金)
第２回	Ｊリーグ・産能大サッカー部の理念について考える	2017年6月2日(金)
第３回	プロサッカー選手という職業からキャリアについて考える	2017年6月9日(金)
第４回	職業と「意志」「役割」「能力」の関係を考える	2017年4月14日(金)
第５回	自分のキャリアイメージプランを考える	2017年7月7日(金)

　産業能率大学では、サッカー部１年生に対して、大学サッカー部の理念（何のために存在しているのか？）や、立ち位置（2017年は神奈川県リーグに所属）、そして、どのような先輩がいて、プロ選手になるような先輩が大学時代にどのようなことを考え、どのような生活を送っていたかを学びます。

　多くの学生がプロサッカー選手になることを目標にサッカー部としてプレーしています。彼らに対し、プロサッカー界の厳しさやプロサッカー選手になるということがどのようなことなのかを伝えます。その上で、最終的には、４年後にどのような自分になっていたいかを考え、表現（プレゼン）してもらうプログラムです。

コラム　〜プロサッカー選手出身の弁護士　日本の文武両道事例〜

　八十祐二さんは、1993年のＪリーグ開幕時にガンバ大阪とプロ契約し、その後、ヴィッセル神戸、アルビレックス新潟、横川電機サッカー部で選手としてのキャリアを続けます。そして引退後に一念発起し、司法試験にチャレンジ。見事合格されたという異色のキャリアを持つ人物です。

　八十さんは、高校時代に大阪府の国体選抜選手ではありましたが、それまでもそれ以降も、アマチュアレベルでの輝かしい目立った成績はあ

りません。志望校だった神戸大学へも、一浪して自分自身の学力で合格しています。

　大学サッカー部時代は監督が不在（OBである監督が週末の試合にのみ顔を出していた）で、自分たちですべてを決めなければならない環境でした。それでも大学3年・4年時に関西学生サッカーリーグ1部でプレーすることができたためプロのスカウトの目にとまり、Jリーグ開幕の年に、当時釜本邦茂氏が監督を務めていたガンバ大阪に加入しました。

　しかし目立った成績を残せず、2年後にヴィッセル神戸に移籍しますが、ケガのため出場機会を得られないまま契約解除となります。その後は、サッカーをプレーするためにチームを渡り歩きました。
現役最後の横川電機サッカー部時代は、会社員として勤務しながらのプレー生活でした。現役引退後も同会社で勤務していましたが、「この先どうしていこうか」と悩み考えたそうです。そして、「どうせなら日本でいちばん難しい国家試験である司法試験にチャレンジしよう」と思い至ったのです。

　そこから猛勉強すること4年、見事に合格を果たしました。日本では非常に珍しいキャリアアスリートの事例と言えます。
（筆者による本人インタビューからまとめ）

（3）スポーツ界で働くというキャリア

　スポーツビジネスやマネジメントについて学ぶことのできる大学が増え、スポーツ界で働きたいという人が増えてきています。

　プロ野球界もプロサッカー界も、その他の競技団体についても、メディアでの露出などで大きな市場となっている業界だというイメージが強いかもしれませんが、実際は小企業の集まりです。Jリーグクラブの運営会社は、大きくても社員が30〜50名程度。パートや契約スタッフを合算して初めて100名に届くかどうかというクラブが最大規模です。

　新卒で採用することは非常に稀ですし、人の出入り（企業としての新陳代謝）

が盛んではない業界です。Ｊリーグや日本サッカー協会が人材を公募すれば、1,000人単位で応募があるという状況で、採用されるのは数名です。人気があるものの、非常にハードルが高いのがこの業界の特徴です。

　また、企業規模が小さいことからも、新卒を採用し、数年かけて教育育成して一人前になってもらうという考えではなく、即戦力となる人材を中途採用する場合がほとんどです。

　しかし、今後のスポーツ界の発展を考えれば、若くてフレッシュなアイデアを持つ人材に対する要望が出てくることが予測されます。そのときに必要な人材像は、以下のとおりです。

スポーツ界で求められる人材像

- ●スポーツに対する愛情
- ●スポーツビジネスとマネジメントに関する最低限の知識
- ●スポーツ関連ビジネスの運営における経験（インターンやボランティアなどを含む）
- ●国際感覚と語学力
- ●何でもやるという覚悟
- ●ホームタウンやフランチャイズにおける地理的な人脈や関係性

　とてもハードな仕事です。基本的には休みは取れないし、遅くまでやらなくてはいけないし、１人が抱える仕事量も多いし、そういうことが現状では当たり前の業界になっています。しかし、これからはますます労務管理などの面で厳しくなってくるはずですから、徐々に労働環境が整備された業界になっていくとは思います。

　例えばＪリーグの湘南ベルマーレのフロントでは、坂本紘司さんという元選手が働いています。10年以上現役としてプレーを続け、ミスターベルマーレと言われるほどの選手でした。引退後フロントに入り、営業職を経て、現在はスポーツディレクターというトップチームの編成や管理の責任者を務めています。

　そのほかにも、アカデミーやトップチームのコーチには、元選手がたくさん

存在しています。

　さらに、大学を出てすぐに外資系の証券会社に勤めながら、スポーツ界（サッカー界）での仕事に就くチャンスをうかがっていたという女性の例もあります。彼女は就職して２年たたないうちに、日本サッカー協会傘下のなでしこリーグの運営事務局へ転職し、その後、湘南ベルマーレへ入社したという経歴の持ち主です。

　また、大学卒業時に、当時のＪリーグの全クラブへ履歴書を送ることから始めて地道なアプローチを続け、新卒で湘南ベルマーレに入社したという女性スタッフもいます。彼女は今ではクラブの重要な幹部スタッフとなっています。

　Ｊリーグクラブで働くためのキャリアパスは本当にさまざまです。こうすればよいという絶対的な方法はありません。しかし大前提として必要なのは、前述の人材像の中の「何でもやるという覚悟」ではないでしょうか。

　ここでもう１つ大事なことは、スポーツに直接携わる企業に勤めることだけが「スポーツ界で働く」ことではない、一般企業に就職しても、スポーツに携わるシーンは多々あるということです。

　例えば、スポンサー企業には、プロスポーツチームの窓口となる担当部署や担当者が必ず存在します。特にオリンピックやワールドカップ開催が近い、といった時期であれば、それこそ多くの企業が「スポーツをどのように事業に活用していくか」という課題を掲げます。そのため、スポーツビジネスに知識と理解のある人材が求められるのです。

　また、企業の立場からＪリーグクラブなどを活用した事業計画を立て、実現していくことも十分に可能です。そのときには、スポーツ産業やスポーツビジネスがどのように仕組みとして成り立ち、どのようにカネが流れ、どのようなビジネスが存在しているのか理解しておかなければなりません。さらに、今後の流れはどうなるのかというところまで考えを巡らせる能力も非常に重要です。

　スポーツ産業やスポーツビジネスを勉強することの価値は、まさにここにあるのです。

160

第7章
スポーツ文化

　スポーツに関して日本がこれから進むべき道を考えます。例えばサッカー界は、現場は欧州のスタイルを、ビジネス面ではアメリカのスタイルを見ています。欧州のプロサッカーの現状と在り方、アメリカのプロスポーツの現状と在り方、そして日本のプロ野球やJリーグの現状と在り方を並べてみて、日本のプロスポーツはどこへ向かっていけばいいのかを皆で考えようというのがテーマです。スポーツの在り方については国によっても変わってきますが、ここでは、そのルーツから現状までを学ぶことで、背景までも理解することを目的とします。

遊び（余暇）がベースの欧州プロスポーツ

（1）産業革命とともに発展したフットボール（サッカー）

　サッカーのルーツは、古くは日本の蹴鞠もルーツだという説もあります。ほかにも、イタリアではカルチョという街中でボールを蹴るゲームがあったし、イギリスにも街中で行われる、いわゆる"フットボール"が中世からありました。これがサッカーのルーツとも言われているのですが、街を挙げて行われることから、施設が破壊される、死傷者も出るという危険なイベントであるとして、時の為政者は禁止にすらしていました。しかし、人々が夢中になる人気のイベントであったことに疑いの余地はありません。

　その後、パブリックスクールなどでは、青少年の健全な育成のためのツールとして、スポーツとしてのフットボールが学校ごとに行われていました。

　こうしてイギリス各地で人気が高まっていく"フットボール"でしたが、地域によってルールが違い、手を使うことが許されていたり、コートにラインがなかったりとさまざまでした。ちなみに有名なラグビー校では手を使うスタイルの"フットボール"が採用されており、それが後のラグビーフットボールの誕生へとつながっていきます。

　やがて学校同士やクラブ同士の練習試合が行われるようになると、ルールの不統一はまさしく不都合きわまりないので、ルールを統一しようという動きが生まれます。

　そして、手を使わないルールを採用するロンドン近辺のクラブ（11クラブ）が集まり、1863年にThe Football Association（FA）が設立されます。ルールを定め、その会員となるクラブを増やしてくことを目指し、1880年代のうちには200クラブがFAに名を連ねるようになります。

　世界各国のサッカー協会は、例えばJapan Football Associationのように国の名前が頭につきます。ところがイギリスだけは、ただ単に（theも省略されて）FAと呼称されます。世界最初のサッカー協会ということで別格になって

いるのです。

なお、ラグビーについてはボールも違うということもあり、1871年にFAを脱退する形でRugby Football Unionが設立されました。

同じく1871年には世界初のサッカートーナメントとなる第1回FAカップが開催されています。そんな草創期のサッカーの人気上昇の大きなきっかけとなったのが産業革命でした。人々の生活に余暇をもたらし、週末は休みという習慣も生まれたことから、サッカーのプレーヤーも観客も増加していきます。

工場単位で"フットボール"の試合が行われるようになり、FA設立後まもなく定期的に試合をするリーグ戦も始まります。さらに、その応援にも多くの人々が訪れるようになりました。増えた観客を収容するためにスタンドがつくられ、その建設費を観客から徴収するという意味で入場料（Gate Money）を取るようになります。これがスポーツビジネスの始まりと言われています。

お金が動き、専用競技場での"フットボール"が人気になるにつれ、勝つことに対する要望が強くなっていきます。そこで、いい選手に対しては報酬を用意して、より一所懸命プレーすることを求めます。そして、時にはほかの地域から選手を連れてきてチームを強化するという流れが生じます。この流れが、後のプロフェッショナルプレーヤーの誕生につながっていくのです。

コラム ～"サッカー"の語源は～

Soccerという言葉は、もとはAssociation FootballのAssociationから取った"Soc"に「～する人」という意味の"er"をつけたスラングでした。早稲田大学のサッカー部の正式名称が「ア式蹴球部」なのは、サッカーが日本に入ってきたときにはAssociation Footballという言葉が使われていて、その英語から取ったのではないかと推測されます。ちなみに慶應義塾大学は、いまだに「ソッカー部」と表現していますが、こちらもまだ英語の共通表記がなかった時代に、最初にそのように表現したことがそのまま現在まで維持されているからだろうと思われます。

163

（2）似て非なるサッカーとラグビー

　サッカーとラグビーは、ルーツは同じながらも、その後の発展の仕方がかなり異なります。

　サッカーは労働者たちが工場単位・会社単位・地域単位でチームを形成し、試合をするようになったものです。言葉を変えると、職場や地域単位で戦って勝ち負けを決める、職場や地域のプライドをかけた争いでした。それがサッカーの試合となっていったのです。

　当初はプロ選手の参加を禁止していましたが、労働者の間で広まっていったわけですから、やはりチームを選ばずにお金をもらえるところへ行きます。そのためにプロが解禁され、優秀な選手がさまざまな条件（金銭を含む）でチーム間を移籍するようになり、プロのサッカー選手とプロのサッカークラブが生まれるに至ります。

　観る人もプレーする人も労働者階級というルーツなので、競技としての広まり方も、サッカーはとことんグラスルーツです。ボールがあればどこでも遊べるという認識で、どんどん世界に広がっていきました。

　一方のラグビーは、スピリットが全く違います。よく「フットボールは紳士のスポーツだ」と言われます。しかしこれは、フットボールがイギリス発祥（しかもパブリックスクール中心）だからと言うよりも、ラグビーというアマチュアリズムを信奉するスポーツのことを、主に言い表している言葉ではないでしょうか。

　ラグビーは、どちらかと言うと上流階級に愛されてきたスポーツです。彼らはスポーツをレジャーとして捉え、自分の時間のゆとりを活用して楽しむものと考えていました。したがって、スポーツをしてお金をもらうのは一般庶民のすることだという意識が、やはり階級社会だけに根強くあったのです。

　毎日あくせく働かなくてもよかった上流階級の人々によって、プレーされ、観戦され、楽しまれてきたという背景から、ラグビーは現在でもアマチュアがベースとなって運営されています。

　サッカーが代理戦争という意味合いならば、ラグビーはお金持ちの余暇・レジャーという意味合いが強い。その違いが非常に大きいと思います。

第7章　スポーツ文化

（3）"争い"がベースのヨーロッパサッカー

　ヨーロッパのサッカーでは、ダービーマッチが一番の人気コンテンツです。例えば、リバプールのエバートン対リバプールFC、マンチェスターシティ対マンチェスターユナイテッドなどの、同じ街の中のクラブ同士の対決。また、マンチェスターユナイテッド対リバプールFC、レアルマドリード対FCバルセロナといった地域同士の戦いも、ダービーとして非常に盛り上がります。

　イギリスのサッカーは、街同士の戦いや企業同士の戦いがもともとの起こりでした。ですからサッカーの根底には「争い」というものが脈々と流れています。地域同士でのプライドをかけた争いといったものがルーツにあるので、いまだに感情をぶつけ合うかのような代理戦争が行われているのです。

　例えばスタジアムの更衣室ひとつを取っても、その闘争の歴史がうかがえます。リバプールFCのスタジアムに行くと、ホームとアウェイの控え室の大きさや快適さが露骨に違うのが一目瞭然です。ライバル関係、あるいは敵愾心といったことの表れかもしれません。スタジアム外でのフーリガン同士の争いも、そういう敵対関係があるからこそ起こるとも言えるでしょう。

　日本でも、ガンバ大阪のつくった吹田スタジアムはホームのほうはものすごくいい控室になっています。ホール型で、選手のロッカーが丸く並んでいる。その真ん中に立つと声がとてもよく響くように天井や壁がつくられています。だから、監督がそこで立って話すと声がよく通ります。一方、アウェイのほうは、四角い普通のロッカールームという形で差別化が図られています。

　サッカーが争いの歴史であることを物語る1つの例が、アーセナルというロンドンのプロサッカークラブです。通称"ガンナーズ"と言われ、エンブレムには大砲のイラストが刻まれています。チームの母体が、軍に対して武器を製造販売していた会社だからです。

　そういう経緯があるからこそ、住民までもが熱心に参加します。いまだにヨーロッパのスタジアムへ行くと、チーム同士だけではなく、応援するサポーター同士も互いに敵対心をあからさまにした応援で試合を盛り上げている光景を見ることができます。

　ヨーロッパの国々は歴史的に見ても戦争を繰り返してきました。サッカーの

● 165 ●

ダービーや国際試合は、その代理戦争という一面もあります。単なるスポーツとしては説明のつかない盛り上がりの大きな要因になっていると考えられます。

　ちなみにアジアにおいても、韓国や中国と日本との国際試合は、スポーツの枠を超えた意味合いが存在します。さまざまな面でメディアにも扱われ、スタジアム内外で異様なまでの注目を集める試合になることもたびたびあります。

第7章　スポーツ文化

 # エンターテイメント産業が
ベースのアメリカのプロスポーツ

（1）戦力均衡を重要視したリーグマネジメント

　アメリカのプロスポーツには、ヨーロッパと違ういくつかの特徴があります。
　1つには、リーグとしてしっかりとマネジメントされており、戦力均衡が大きなキーワードとなっていることです。限られたチームが常に優勝争いをするリーグではなく、均等にどこが勝つかわからないリーグであるべきだという理念のもと、さまざまな戦力均衡策が取られています。アメリカのプロスポーツは徹底していて、リーグとしてどう繁栄させていくかという観点が絶対です。リーグのマネジメントや運営が第一なので、戦力均衡を最重要視しているのです。
　主なものを3つ紹介しておきます。

①サラリーキャップ

　サラリーキャップとは、プロスポーツチームが選手に支払う報酬の総額にキャップをする（制限をかける）ものです。
　NFLでは、毎年のリーグ総収入の一定の割合をチーム数で割った金額をサラリーキャップとしています。そして、この上限を超えてはならないとする厳格なルールを敷いていて、ハードキャップとも呼ばれています。
　MLBやNBAでは、贅沢税（ラグジュアリー・タックス）を採用していて、ある一定の基準を超えて選手に報酬を支払った場合には、その超過分に課徴金を課し、収入の低いクラブや球団に分配金として支払うという方式を採っています。
　MLSでは、各クラブの年俸総額を350万ドル、最大で28人を選手登録できるという上限設定があります（2015年）。ただし、各クラブ最大2名までは、その上限を超えて獲得（特別指定選手）できるようになっています。この枠で、2006年にはデビッド・ベッカム選手がLAギャラクシーに移籍を果たして、

世界中の注目を集めました。

②ドラフト制度

ドラフト制度とは、新人選手の契約チームを、戦力均衡を目的に抽選などで決める制度のことです。その方式の1つがウェーバーで、前シーズンの順位が低いチームから指名することができるというものです。人気チームや資金力のあるチームに優秀な選手が集中して、戦力が偏ることを避けるために導入されているルールだと言えます。

1936年にNFLで初めて採用されましたが、MLBが取り入れたのは1965年のことです。それには、ニューヨーク・ヤンキースが強すぎて、リーグとしての魅力を失うことを恐れたという背景もあったようです。しかし直接のきっかけとされているのは、球団が増えるとともに有望選手獲得のために大金が動くようになり、1964年にエンジェルスが大学の選手に20万ドルという破格の契約金を支払ったことでした。

NFLでよく言われるのは、10年間で勝ったチームは何チームあるかということ。つまり、連覇するチームがほとんどなく、10年間で3回も4回も優勝することはありません。どこが優勝するかわからないというところが売りにされているのです。だからこそ、戦力均衡のシステムが大事なのです。

それでは、MLSはどうなっているのでしょうか。アメリカのサッカーと言えば、1970年代に北米サッカーリーグ（North American Soccer League）が存在していました。財力のあるチーム（例えばニューヨーク・コスモス）がペレやベッケンバウアーなどの世界的な有名サッカー選手を獲得し、一時期は人気を極めていたものです。しかし、有名選手の引退と高騰した選手年俸がネックとなって経営不振に陥り、リーグは閉鎖されてしまいます。

その苦い経験から、MLSはリーグ内での戦力均衡を大きなテーマとして掲げています。失敗を繰り返さないために、アメリカではサッカーにおいてもドラフト制度を導入しているのです。

③シングルエンティティ

メジャーリーグサッカーは、シングルエンティティという、リーグ自体が1

つの会社であるという認識で成り立っています。各球団を含めて、すべてが
MLSというマネジメント組織が束ねる1つの会社として運営されているので
す。

コラム ～日本スポーツ界での戦力均衡策～

　日本では1965年から1973年にかけて読売ジャイアンツがV9を果た
しましたが、その65年シーズンオフからドラフト制度が導入されます。
一強体制はプロリーグにとっては好ましくないという意見は、日本でも
同様でしょう。しかし選手にとってみれば、労働選択の自由を侵害して
いることにもなりかねず、そこに同情論が存在する余地があるのも事実
です。

　サラリーに関しては、プロサッカーにおいてもプロ野球においてもサ
ラリーキャップのような制度はありません。サッカーに関しては新人の
選手年俸が決められていて、1年目の年俸は非常に低く設定されています。
これは、1998年に横浜フリューゲルスというチームが消滅した際の原因
分析で、身の丈に合わない選手年俸や新人獲得の条件合戦がクラブの経
営を圧迫したと判断されたがゆえの制度導入でした。

　2016年に開幕したBリーグでは、アメリカのプロスポーツにならっ
てサラリーキャップやドラフト制度が取り入れられています。

（2）エンタメ施設としてのボールパーク

　また、スタジアムはボールパークだという認識で、さまざまな観客を楽しま
せる仕組み・企画が用意されています。試合はあくまでも1つの要素であって、
来場者に対して試合以外の楽しみをたくさん用意することで、そのスポーツが
好きではなくても楽しめる空間をつくり出しています。この仕組みが、アメリ
カのプロスポーツが成長し続けている理由でもあります。

　スタジアムに行けば楽しめるという意味では、アメリカの球場にはちょっと
した遊園地とか飲食施設とか子供が遊ぶスペースとか、テールゲートバーベ

キューと言って駐車場でバーベキューをしてから試合が始まったら見に行くとか、そういう工夫がたくさんあります。

　日本の球場でも、最近では、楽天やソフトバンク、横浜や広島の本拠地が、ボールパーク構想としていろいろな企画を始めていますが、ここ10年くらいの話です。

　アメリカのスポーツは、エンターテンメント産業だという割り切りがはっきりしています。街同士が争っているわけではなく、自分の出身大学に対する愛着は強くても、自分の住んでいる街にこだわりがあるわけではないようです。

　それもあってか、フランチャイズを移転するプロチームも珍しくありません。一方でヨーロッパのサッカーチームがフランチャイズ移転することは、ほぼあり得ません。アメリカではビジネスという観点が非常に大きくて、オーナーはフランチャイズを買って、数年オーナーを務めて、その何倍もの値段で転売したとしても、特に非難されたりはしません。そういう意味でもプロスポーツの在り方が全然違っています。

　日本でも、野球はオーナーが変わりますが、フランチャイズが変わるケースはかなり稀です。新規参入も非常に少なく、アメリカに比べてかなり閉鎖的な印象はあります。

第7章　スポーツ文化

学校・企業がベースの日本プロスポーツ

（1）学校スポーツの隆盛

　日本におけるスポーツは、学校と企業がベースでした。特に学校体育や部活動がすべてのベースとなっていると言っても過言ではありません。その典型例として、学校スポーツでありながら巨大コンテンツとなっている高校野球について考えてみましょう。

　実は、高校野球はプロ野球よりも先に始まっています。その歴史が、日本のスポーツ界において大きな礎石となっているとも言えます。高校野球の前では、プロ野球は後づけといった立場になってしまうほどです。

　まず驚くべきは、育成世代の全国大会があれほど大きなコンテンツになるというのは、世界的に例がないということです。春・夏の甲子園大会や正月の高校サッカー選手権などは、日本ならではの文化かもしれません。アマチュアスポーツにこれだけの注目が集まるのは特筆すべきことです。

　ただし、デメリットがあることも絶対に忘れてはいけません。まだ身体も出来上がっていない高校生の投手に、当たり前のように連投を強いる。今でこそ投手の肩を考えた日程を組むようになってきましたが（もちろん不十分だが）、甲子園があまりに大きな舞台であるがゆえの無理強いになっていることは、間違いのない事実です。

　高校サッカーのほうは、それでも将来のJリーグ入りを見据えてという育成機関的な面があります。しかし甲子園は、それこそがすべての頂点だという感覚、しかもマスコミがそれを煽っているのではないかという疑問がどうしても拭えません。

　また、日本では子供の世代から全国大会というものが存在します。全日本高校野球選手権大会や全日本高校サッカー選手権大会などは大きなイベントであり、メディアにも大々的に取り上げられます。その競技に取り組む生徒たちにとってみれば、こうした大会に出場し活躍することが大きな目標となっている

のです。ただし一方で、その弊害として身体ができていないうちに無理をさせてしまう、勝利至上主義になってしまう、楽しくない、といった事態が起きています。

今日では、全国大会に出場するような有名高校のサッカー部員は100名や200名を超える場合も珍しくはなく、いわゆる「プレーする楽しみ」よりも、「チームの勝利」や「有名チームに所属できる」という喜びが選手の中でも優先されていると言えます。

また、中学校では、サッカーで言うと指導の穴世代であり、少年団ではたくさんのお父さんコーチが一所懸命指導しますが、中学生になると部活の先生次第でサッカーの練習や試合環境が変わってしまいます。アスリートとしてもっとも多くのことを吸収し、体格も大きく変化する重要な時期に、経験や知識を持って指導できる運動指導者がいないということは、選手の視点からすると大きな損失となります。

全日本少年サッカー大会なども世界的には稀で、私はなくてもいいと思っています。少年少女のうちから勝利だけを目指してしまいます。指導者も勝つことだけ考えるという価値観が、いまだにサッカーの世界にはあります。

ただ、これも新聞社が主催に名を連ねており、テレビ中継などもされる一大コンテンツになっています。マスコミが主催することが弊害を生んでいる面もあるし、マスコミが主催することで発展してきたという側面もありますから、痛し痒しです。

その点、イギリスのFAでは、U-11の地域の大会は結果をメディアに出してはいけないというルールがあります。もちろん全国大会などは存在せず、イギリスのプロサッカークラブのアカデミーは、地域でリーグ戦をやっています。その地域で無理のない移動の範囲で試合を定期的に組んでいて、勝った負けたではなく基本的に個の育成を一大ミッションとしているので、明確です。文化の違いかもしれませんが、日本人は勝ち負け、白黒をはっきりさせたがるところがあるようです。これも、体育教育がベース、つまりは軍事教練がベースにあったことの名残かもしれません。

関連する話で、インターナショナルスクールの子供たちはシーズンごとに違うスポーツをやっているという話を聞きました。シーズンでバスケットをやっ

第7章　スポーツ文化

たりサッカーをやったり、1年間で何種類かのスポーツをやる。学校ではそのようにしていて、もし一所懸命に野球やサッカーをやりたいという子供は、プライベートなクラブに行くとのこと。そういう子がプロになっていくでしょうし、プロになりたい子供しかそういうところに行かないでしょう。楽しみたいだけなら学校や地域で楽しめるだろうという割り切りがあります。

しかし、日本ではすべてが学校なのです。街のクラブというのがほとんど存在しません。Jリーグクラブが最近、街のプライベートなクラブとして出てきましたが、おそらく学校ですべてが収斂されてしまうということはメリットでもありデメリットでもあるのでしょう。

日本では、高校野球に代表されるように、学校スポーツが隆盛を極めています。それはなぜなのかというと、高校の全国大会に勝つことで知名度がアップし、ひいては学校の偏差値アップにつながるからです。そのためにスポーツ推薦制度があり、プロの監督やコーチを雇う学校が増えているという実態があります。今は、Jクラブのアカデミーのコーチをやるよりも、私立高校のサッカー部のコーチを引き受けるほうがよほど待遇もよく、安定もしています。

アメリカのスポーツスカラーシップ制度は、日本のスポーツ推薦制度とは違って、相当厳しい学業レベルをこなし、それをクリアすることが義務づけられています。名門であるスタンフォード大学は、たくさんのオリンピアンを輩出している大学の1つですが、学業もおろそかにせずにオリンピックに出るというのは、本当の文武両道だと思います。成績が悪ければ退学しなければいけないのです。周りからリスペクトされる存在であるのは当然でしょう。

一方、日本ではどれだけ成績に下駄を履かせるかという状況が圧倒的に多く見られます。答案用紙には名前だけ書いておけばいいよ、といった話が横行しているとも聞きます。

（2）企業ベースのプロスポーツ

前述のように、高校野球はプロ野球よりも先に始まっています。高校野球の前身である中等野球が最初に始まって、それを夏は朝日新聞、春は毎日新聞が独占していて、読売新聞が倒産の危機に陥った時代がありました。そこで、読

● 173 ●

売新聞は販売部数を伸ばすために、大学野球を検討したといいます。そして、大学野球とアメリカのプロ球団との試合を2度ほど行い、それが大ヒットします。その流れでプロ野球を始めようという話になり、読売新聞が球団をつくって始まったというのが、プロ野球誕生の簡単な経緯です。

つまり、プロ野球のルーツは間違いなく企業スポーツなのです。企業の宣伝広告のための読売ジャイアンツであり、阪神タイガースでした。その2球団がいまだに日本の人気上位にあることを考えると、企業の宣伝広告のためのものとして始まった企業スポーツとしての歴史こそが、プロ野球の大きな特徴だと言えるでしょう。

ただ、ここに来て、パリーグもプロ球団としてのマネジメントに本腰を入れ始めているので、徐々に変わりつつあるようです。

さて、日本のプロスポーツの中では、野球がいちばん大きなものですが、企業スポーツであって、日本では企業スポーツというものが非常になじみやすい。いまだにスポーツ施設は、学校か、企業か、行政が運営しています。プライベートなスポーツ施設というのは本当に限られていて、そこが大きな制約にもなっている一方、今まで普及してきた大きな要因にもなっています。

そういう背景を理解しましょうというのが、文化という切り口です。プロスポーツとかスポーツ産業の生い立ち、成り立ちを考えると、文化を押さえるのは大事なことです。

そしてJリーグができるわけですが、Jリーグのもともとの発想は、川淵三郎チェアマンが選手時代に経験したドイツのスポーツシューレでした。これはスポーツとスポーツクラブの在り方として理想であって、夢であって、それを実現したいという思いがJリーグに結びついたということです。

それに加えて、ワールドカップに絶対に出場したい、ワールドカップを日本で開催したいという思いが、1970年代からサッカー界の人々の中に積み重なってきて、準備が始まって、1993年のJリーグ開幕につながっていきます。

しかし、サッカーもまだまだ企業スポーツです。それでも、これからの世界ではそれではダメなので、地域密着で日本に100のクラブをつくるというミッションを掲げています。そして、今後は企業スポーツから脱却するというよりは、企業スポーツと一緒にやっていくスタイルを新しく模索し始めているとい

● 174 ●

第7章 スポーツ文化

うのが、今の流れです。

　その中で、日本のプロスポーツの在り方として、やはり野球の軸はエンターテンメントです。サッカーについては、まだ中途半端です。では、今後Jリーグやプロ野球はどこへ行くのでしょうか。もちろんJリーグ自体にも課題はあるでしょうから、百年構想を実現するために今後どうやって克服していくべきなのかを考える必要があります。プロ野球のように12球団でトップが形成されているのに比べて、サッカーは全く違うピラミッドを形成しています。それが、今まで存在した日本のスポーツ文化の弊害、あるいはよくなかったところを打破するように進んでいけるのか。そのためには、どうすべきか。ビジネスと文化はイコールではないので、それも考え合わせながら進めていく必要もあるでしょう。

　国によっても地域によっても、スポーツに対する考え方や文化は違うので、そこを踏まえておかないと、スポーツビジネスもマネジメントも成り立たないというのは当たり前のことです。だからこそ、スポーツ文化を踏まえることではじめてマネジメントは成り立つということを認識しておく必要があります。

コラム 〜企業スポーツがルーツのプロ野球〜

　日本を代表するプロスポーツであるプロ野球は、実は高校野球よりも歴史が浅いものです。

　全日本高校野球大会は、1915年に第1回全日本中等学校優勝野球大会という名前で始まりました。この大会をスポンサードしたのが朝日新聞だったため、そのまま夏の甲子園大会につながっています（春は毎日新聞主催）。

　一方のプロ野球は、大学野球がルーツにありました。販売部数に伸び悩み、経営危機に陥っていた読売新聞が試みたのが日米野球です（1931年／1934年）。このイベントが大成功し、新聞の販売部数を大幅に伸ばした読売新聞社が1934年に大日本東京野球倶楽部（現在の読売ジャイアンツ）を創設し、1936年に日本職業野球連盟が設立されました。

　創設のきっかけは、野球人気にあやかり、商品（新聞）の販売促進を目

的とした企業活動であったことは明白な事実です。この由来が現在のプロ野球界に色濃く残っていることは、さまざまな場面で垣間見ることができます。

（3）これからの日本におけるスポーツ文化

　Jリーグの開幕は、日本のスポーツ界に大きな影響を与えてきましたし、今後も与えていくと思われます。

　まず、企業主体ではなく、地域を主体とした組織づくりから始め、地域でのサッカーだけではないスポーツの振興を理念に謳っています。おそらく、今後、地域社会が人口減などで活気を失っていくときに、そこにあるサッカースタジアムやその他のスポーツ施設が果たす役割は今以上に大きく重要になってくると思います。

　商店街がなくなり、大規模ショッピングセンターに消費が集中し、地域のつながりや人のつながりが持てなくなっていく今後、スポーツ施設とスポーツクラブが街のシンボルとなり、人や地域をつないでいく媒体となる。そんな将来を簡単に思い浮かべることができますし、スポーツだからこそ果たせる役割だと思います。

　プロ野球界でもさまざまな現象が起こってきています。わかりやすいところで言えば、企業名がメインのチーム名に、地域名を加える球団が増えてきました。

●北海道日本ハムファイターズ
●東北楽天ゴールデンイーグルス
●埼玉西武ライオンズ
●千葉ロッテマリーンズ
●福岡ソフトバンクホークス
●東京ヤクルトスワローズ
●横浜 DeNA ベイスターズ

第7章　スポーツ文化

いずれも、少し前までは地域名は入っていませんでした（広島東洋カープは
もともと地名が入っている唯一の球団だった）。プロ野球界も、今後の社会に
おける自分たちの立ち位置を改めて考え、Jリーグクラブのよいところを見習
い、変化してきているのだと感じます。

また、バスケットボール界では、企業中心のJBL（NBL）と地域密着のbjリー
グが2016年にようやく統合され、Bリーグがスタートしました。こちらもJ
リーグ同様に地域を重視し、一方で今まで世話になってきた企業のことも尊重
しながら、新しい動きを始めています。

マネジメントの面ではプロに移行したものの、その中身に関しては、まだま
だ企業スポーツ時代の名残があり、現場（フィールド上でのパフォーマンス）
に追いついていない現状があります。プロスポーツのマネジメントという観点
では、日本はまだまだです。学生スポーツの分野においても、まだ学校体育の
領域から抜け出ることはできず、非効率なルールや慣例・慣習がまかり通って
いる現状があります。

しかし、世界に目を向けると、伝統的なビッグクラブまでがさまざまな革新
を遂げ、スポーツビジネスにおいては先へ先へと突き進んでいます。

●スポーツの価値
●スポーツの意義
●スポーツが果たす役割

日本でもこれらを再度見直せば、学校で担う部分とそれ以外で担う部分とが
クリアになり、効率化が図れます。しかも、学生選手たちのプレー機会という
選択肢も増えることになるのですが、それを妨げているのが前例踏襲であった
り、指導者のエゴや必要のないプライドだったりします。

春と夏の高校野球や高校サッカー選手権大会という人気学生スポーツも、も
ろ刃の剣です。憧れの舞台があるという点では、誰もがそこを夢見て目標とす
ることで、スポーツの普及が進みます。ところが、その大会だけに焦点が当て
られ、部活でスポーツをすることの本来の価値がないがしろにされてしまって
いるのではないでしょうか。これはマスコミや学校側だけの問題ではなく、そ

の選択をした選手や保護者にも考えてもらいたいことです。

　大観衆の前でのプレーできる、テレビで全国中継されるというのは麻薬のようなもので、誰もがその場に立ちたいと思うし、できれば2度でも3度でも立ちたいと思うものです。プロのアスリートでも同じですが、プロはそれが職業であり、それだけの対価を得てプレーしています。しかし学生の段階では、全国大会だけに集中していてはさまざまな"経験"を犠牲にすることになります。勉強はもちろんのこと、スポーツ以外のさまざまな経験も10代のうちにしておくべきで、それが人生の糧となるはずです。学生の本分は勉学にあることを、決して忘れてほしくはないのです。

　2011年のスポーツ基本法制定、2013年の東京五輪開催決定などを受けて、2015年にスポーツ庁が創設されました。そして、2020年へ向けてさまざまなスポーツ関連分野の整備がなされています。これを機会に、スポーツの価値やスポーツが果たせる役割を、もう一度皆で考えてもらいたいと思います。

日本文化としての大相撲

（1）大相撲の成り立ち

　神事を発祥とし、日本の国技でもある大相撲は果たしてプロスポーツなのか、という問いかけには、シンプルに答えることはできません。オリンピック競技ではないし、国際大会も存在せず、まさしく日本独特のものだからです。

　相撲の成り立ちという意味で、以下の引用は非常に示唆に富んでいます。

「（明治維新後に西洋文化が日本に流入し、裸体が国の対面を汚すとか、腕力を競うだけの相撲は文明開化を妨げる等の風潮が蔓延していた）当時の人が見落としていたのは相撲の娯楽としての価値である。相撲は江戸時代以来、芝居に並んで見て楽しむ娯楽の代表的存在であり、各階層の人々の生活に活気と潤いを与えてきた。」（『相撲、国技となる』風見明著／大修館書店）

　さらに、相撲という言葉の意味を相撲大辞典（第2版）で調べてみると、以下のような記述となっています。

「円形の土俵内で2人の競技者が素手で1対1の勝負を行う競技のこと。相手の足裏以外の身体の一部を土俵内の土につけるか、相手を土俵の外に出せば勝ちとなる格闘技である。世界各地に同種の格闘技があるが、日本では廻しをつけただけの裸体で戦うなど古来の儀式的要素を維持し、固有の発展を遂げてきている。」

　力士は四股名を持ちますが、四股とは、醜女（しこめ）の「しこ」を表し、穢れや邪気を祓う行為とされています。由来をたどると、日本固有の宗教と言える神道に基づく神事であり、それが日本固有の"競技"である理由ともなっていることがわかります。

（2）娯楽としての大相撲

　ただし、娯楽という観点では、他のプロスポーツと同様です。勝敗があり、ルールもあります。興行という言葉も使っています。年に6場所あって、合間に地方巡業を行います。そう考えると「スポーツである」と言いたいところですが、オリンピック競技になり得るかどうかとなると、「スポーツではない」とも言えます。

　大相撲の統治組織である公益財団法人日本相撲協会と各部屋、力士の関係性を見ると、相撲界全体が1つの会社組織のようになっています。いずれにしても「特殊なスポーツ」と言ってよいでしょう。

　大相撲のマネジメントについて調べてみると、興味深い点がたくさん出てきます。そのマネジメントの要素をいくつか挙げて、相撲界での仕組みをみてみましょう。

①組織構造

　相撲は個人競技ですが、大相撲の力士は必ず相撲部屋に所属しなければならず、各部屋は力士の育成だけではなく管理という責務も負っています。

　部屋の数は2017年4月時点で45ありますが、すべて公益財団法人日本相撲協会の管理下にあります。部屋の新設等に関しては協会の定める規定をクリアした上で、理事会の承認が必要です。また、協会は力士や年寄り（親方）への給与支払いから、部屋への補助金（分配金）の給付という権限も持っています（図表7-1,7-2）。力士の評価（番付）も協会が決定するので、かなり強力な中央集権体制です（図表7-3）。

　ある意味、MLSなどのシングルエンティティとも相通ずるかもしれません。

図表7-1　協会と部屋の権限配分

部屋	協会	禁止事項
力士の採用	力士・年寄りへの給与支払い	
力士の育成・指導	力士・年寄りの評価（昇進）	力士の移籍
部屋の設立・管理	部屋への補助金給付	

アメリカは、海外から選手はどんどん連れてきますが、海外と一緒に何かしようという気は一切ありません。自分たちだけで閉鎖的に完結させる仕組みになっています。それでうまく回っているのだから、まさにアメリカのプロスポーツ組織と相撲協会には、共通点があると言えるのではないでしょうか。

図表7-2　相撲部屋の収入

種別	名目	内訳	金額
開設費用	施設取得・開設		親方の自己資金
補助金	部屋の維持費	場所ごと　弟子1人	115,000円
	稽古場経費	場所ごと　弟子1人	45,000円
養成奨励金	力士養成費	幕下以下　弟子1人	70,000円
		年　十両1人	114万円
		年　平幕1人	126万円
		年　三役1人	156万円
		年　大関1人	216万円
		年　横綱1人	276万円
後援会			?
タニマチ			?

出典：中島隆信『大相撲の経済学』東洋経済新聞社

図表7-3　組織運営

種目	組織	選手管理	協会の権限	競争
野球	球団（株式会社）	球団	小	大
サッカー	クラブ（株式会社）	クラブ	中	中
相撲	部屋	協会	大	小

②チケット制度（茶屋制度）

　升席などの上等の席で大相撲を観覧するには、東京では両国国技館内にある20の相撲茶屋でチケットを購入しなければなりませんでした（大阪は8軒、名古屋は4軒）。現在はオンラインでも購入できるようになっていますが、それでも升席の7割から8割は茶屋が権利を持っているようです。

　こうした販売代理店の機能を持った相撲茶屋（正式名称は相撲案内所）は、古くから弁当やお茶をつけたセット販売をしたり、一見さんお断りで、継続し

● 181 ●

て購入してくれるお客さんを優先したりしていました。現在のプロスポーツ界では常識となっているシーズンチケットやホスピタリティサービス付きチケットという考え方が、大相撲では早くから導入されていたとも言えます（図表7-4）。

図表 7-4　チケット販売 "茶屋制度"

		升席の持ち分	
●（財）日本相撲協会の代理店			
●現在は "案内所" と言われている		茶屋	70〜80%
●国技館サービス株式会社		協会	10〜15%
（チケット持ち分：協会50%、20の茶屋50%）		その他	5〜20%
●固定客との関係を重視			
●一般客（一見さん）軽視			
●枡席は4人1組			

③スポンサーシップ

　相撲部屋の収入は、協会からの分配金や各種奨励金に加えて、後援会からの支援も少なからぬ割合を占めています。タニマチと呼ばれるこうした後援会からの金銭の支援は、何かの見返りを求めてのものではありません。したがって、現在のプロスポーツ界におけるスポンサーシップとは少々意味合いが違っています。

　また、懸賞幕という形で企業が特定の取り組みに対して支援できますが、こちらもメディアなどへの露出というよりも、純粋な支援という意味合いが強いものです（図表7-5）。

図表 7-5　スポンサーシップ "懸賞"

◆懸賞
◆1口6万円（力士の手取り3万円）
◆森永賞（森永製菓）
◆手刀を切って受け取る
◆懸賞幕と場内アナウンス

第7章　スポーツ文化

④放映権

　大相撲中継は長らく NHK が独占放送しています。したがって広告掲出はできませんので、スポンサーシップという考え方があまり発展していかないのかもしれません。

コラム 〜日常用語となっている相撲用語・野球用語・サッカー用語〜

　私たちが日常何気なく使っている言葉には、相撲やスポーツで使われる用語から来ているものがたくさんあります。スポーツ文化という言葉もありますが、それだけその競技が人々の生活に溶け込み、馴れ親しまれているということ。スポーツが人々の生活に文化として浸透しているという証左ではないでしょうか。

　以下、日常的に使われる用語をリストアップしてみます。

〈相撲用語〉

肩すかし・がっぷり四つ・番付・物言い・仕切り直し・八百長・勇み足・独り相撲・人の褌で相撲を取る・相撲に勝って勝負に負ける　など

〈野球用語〉

ピンチヒッター・エース・リリーフ・ホームラン・ストライク・アウト・セーフ・ゲームセット・変化球・千本ノック　など

〈サッカー用語〉

イエローカード・レッドカード・アシスト・ファインセーブ　など

　個人的には、恋愛に相撲用語が用いられることは興味深いと思います。「肩すかしを食らう」「勇み足」「独り相撲」などは男女間の関係性で使われることがある表現ですが、男女間の関係が相撲の勝負にたとえられることに、その意味の深さを改めて考えさせられます。

　野球用語は、ビジネスの世界でも多く使われます。「チームワーク」「リリーフ」「ピンチヒッター」などは、ビジネスの世界では、個々の力を束

● 183 ●

ねて組織でパフォーマンスを発揮していくという特徴の現れでしょう。スポーツのチーム競技と変わらない価値と難しさがあることを教えてくれるものです

　サッカー用語は、どちらかというとＪリーグが発足したあとに私たちの日常生活に浸透してきた新しい言葉です。サッカー人間である私でも、ふと気がつくと野球用語や相撲用語を使っていることがあります。そこで、野球と相撲が日本人にとってどれほど深く浸透しているものなのかを、あらためて感じさせられます。

第8章
オリンピックと
FIFA ワールドカップ

　オリンピックと FIFA ワールドカップは、スポーツ界における巨大コンテンツの双璧です。ここでは、その歴史を簡単に振り返りながら、オリンピックとワールドカップそれぞれの存在意義と、スポーツビジネスとしての展開について考えていきたいと思います。また、1964年の東京オリンピック、2002年日韓ワールドカップ開催を例にして、これらのスポーツイベントがもたらした効果の大きさを検証するとともに、その後の日本スポーツ界にどのような影響を与えていったのか、功罪両面から見ていくことにしましょう。

アマチュアスポーツの祭典オリンピック

（1）近代オリンピックの基本理念

　マイケル・ペインの著した『オリンピックはなぜ世界最大のイベントに成長したのか』（サンクチュアリ出版）の中に、次のような記述があります。まさしくクーベルタンが理想としていたオリンピックの在り方を示しているものです。

　「近代オリンピックは、ピエール・ド・クーベルタン男爵が古代ギリシャ時代のスポーツイベントを再興させるべく始められた。「私がオリンピックを復活させたのはなぜか。それは、スポーツの地位を高め、強化するため、そしてスポーツの自主性を持続できるようにするためである。また、現代社会において、スポーツに課された教育的役割を果たせるよう、そして、スポーツ界に必要な運動能力と闘争心を持ち続けるために必要な勇気と技量を併せ持った個々のアスリートの育成の為でもある」とクーベルタンは語った。」

　また、同書には「近代オリンピックムーブメントの基本原則」として以下の4つの項目も挙げられています。

　　①スポーツの基本である、身体的、精神的資質の向上を推進する。
　　②スポーツを通じ、相互理解と友情の精神で若者を教育し、平和でより良い世界を築く一助とする。
　　③オリンピックの原則を世界中に普及させ、国際親善を生み出す。
　　④4年ごとに行われるオリンピック競技大会で、世界中のアスリートが一同に会する。

　こうしたクーベルタンらの理想を踏まえて、第1回近代オリンピック競技大

第8章　オリンピックとFIFAワールドカップ

会は1896年にアテネで開催され、それから4年ごとに開催されることとなりました。冬季オリンピックは1924年にフランス（シャモニー・モンブラン地方）で初めて開催されています。

　しかし、アマチュアリズムの追求、教育的観点からのオリンピック理念と競技大会の枠組みをつくることには成功したものの、どのように富を生み出し、継続発展させていくかという観点が決定的に欠けていました。前出書の中でペインはこうも述べています。

　「IOCはお金の管理が下手だったが、生み出すのも下手だった。IOCと大会組織委員会では、オリンピックという世界中に知られたブランドを持ちながら、マーケティング活動をほとんど行っていなかった。また、わずかな活動も失敗に終わっていた」

（2）マネジメントの欠如と政治との絡み

　オリンピックは、国際オリンピック委員会（IOC）という組織によって運営されています。IOCのもと、各国のオリンピック委員会が運営組織をつくり、また、各国際競技連盟の協力のもと、4年に1回の国際スポーツイベントが開催・運営されています。

　今でもそうですが、政治的な影響を色濃く受けてきたのがオリンピックの歴史です。古くは1936年のベルリンオリンピックで、これはナチスドイツの宣伝のためにフル活用されたオリンピックと言われています。

　例えば、聖火リレーはこのベルリンオリンピックが最初なのですが、ヨーロッパの近隣の国の偵察も兼ねていたと言われています。そういったエピソードがいろいろありますが、政治との絡みを避けて通れない大会なのだということを、歴史を紹介しながら伝えていきたいと思います。

　1970年代、1980年代のオリンピックは、参加国の増加に伴う運営コストの上昇、そして、政治との絡みからボイコットする国が出てくるようになり、お金の問題と政治に起因する国際問題も多発していた時代です。

187

1972年　ミュンヘン大会　パレスチナテログループが選手村を襲撃し、イスラエル選手団を人質に取り籠城

1976年　モントリオール大会　アフリカ17カ国が出場辞退（ニュージーランドがアパルトヘイト政策を続ける南アフリカと交流を続けているにもかかわらず、IOCがニュージーランドのオリンピック参加を認めたため）。

1980年　モスクワ大会　旧ソ連のアフガニスタン侵攻に抗議したアメリカ、日本、ケニア、カナダ、西ドイツ、ノルウェーが出場を辞退

1984年　ロサンゼルス大会　前回モスクワ大会ボイコットの報復（表向きは83年のアメリカ軍によるグレナダ侵攻に対する抗議）。ソビエト連邦、東ドイツ、ポーランド、チェコスロバキア、ハンガリー、ブルガリア、ベトナム、モンゴル、北朝鮮、キューバなどが出場辞退

　最近では、2008年の北京オリンピックの聖火リレーのときも、やはりチベット問題で大騒ぎになりました。また、当時のIOCおよび各大会組織委員会は、大きなスポーツブランドとなったオリンピックを活用することができず、財政難に陥るだけでなく、開催地が大きな赤字を抱え込み、何十年も国民の税金で借金をまかなわねばならないという状況に陥っていました。

　なぜ、オリンピックという一大コンテンツをうまく活用できなかったのか。オリンピックが危機的な状況に陥った原因を、大きく3つに分けて考えてみます。

①マネジメント力の欠如

　IOCが機能していなかったことは、「そこには、常勤の事務局長が1名と、いくぶん素人っぽさのある管理部門スタッフが数名働いていた」（前出『オリンピックはなぜ世界最大のイベントに成長したのか』）ことからも容易に想像できます。

　スポーツビジネスは権利ビジネスでもあるのですが、その権利を販売する契約においても、訴えられたり、賠償金を支払う羽目になったりということが、1970年代から1980年代には頻発していました。

②政治的な理由でのボイコット

　上に挙げたように、冷戦が続き、世界各地で紛争や国際問題が起こる中、1972 年のミュンヘン大会選手村で起こったテロリストによる殺人事件をはじめ、国際政治の影響を色濃く受けるようになりました。開催地に名乗りを上げる都市すらなくなるのではないかという状況に陥り、オリンピックそのものの存続すら危ぶまれていきました。

③財政危機

　この世界的スポーツイベントの開催費用は増大する一方であり、マネジメントの失敗により賠償金などもかさみ、収入を伸ばすことに四苦八苦している状況でした。経営の根本は、収入を増やし支出を減らすことにありますが、収入（放映権・スポンサー収入など）を伸ばすことができない中、取引による問題が頻発し、支出を減らすどころか開催費用は回を重ねるごとに増えていっている状況でした。

（3）スポーツビジネスとしての幕開け
　　　—1984 年ロサンゼルス大会

　1984 年のロサンゼルス大会が、オリンピックの歴史を大きく転換します。大会組織委員長に抜擢されたピーター・ユベロスの指揮のもと、約 2 億ドルとも 2.5 億ドルとも言われる大幅な黒字を生み出したのです。

　そもそも、1976 年のモントリオール大会で約 10 億ドルもの大赤字を出したことで、1984 年の開催地に立候補したのがロサンゼルスだけだったという経緯がありました。そこでユベロスは、スポーツマーケティングという観点で大ナタを振るいます。

　まず、入札によって放映権を一社独占で与えることにします。スポンサーも、それまでは数百社に上るようなスポンサー契約があったところを、30 社限定にして一業種一社に絞り、協賛金の額を上げることに成功しました。

　ユベロスの施策の特徴は、「包括的」という言葉に表されます。放映権に関してもスポンサーに関しても、包括的な契約を行いました。これがスポーツマーケティングの原点と言えるのかもしれません。

ロサンゼルス大会におけるスポーツマーケティングはその後も受け継がれており、放映権の独占契約や、一業種一社に絞るスポンサー契約、つまり厳しい制限を加えた中から厳選したところに権利を与えて、高額のスポンサーフィーを受けるという流れが、いまだに続いています。

　オリンピックとスポーツビジネスとの関わりは、1950年代にアディダスが、陸上選手にシューズを無償で配布したことが始まりです。その選手たちがメダルを取って表彰台に上るときに、シューズを首にかけたり手に持ったりして、観客やメディアに露出する。スポーツメーカーのマーケティングとしては、そういう地道なところで既に始まっていました。

　翻って、2012年のロンドン大会におけるIOCの収入を見てみると、2009年から2012年の4年間に80億ドルを得ています。内訳は、メディアの放映権が39億1000万ドル、マクドナルドやコカ・コーラなどワールドワイドパートナー11社からのスポンサー料が9億5700万ドルだったと言われています。

　競技の決勝の時間を放送局の都合に合わせたり、ことあるごとにスポンサーの顔色をうかがったりという状況になっているのも、うなずける数字です。

　オリンピックを通じたスポーツマーケティングの目的はどこにあるのか。大きく分けると、以下の3つにまとめることができます。

①ブランドの構築

　オリンピックの公式スポンサーになるということは、オリンピック理念であるスポーツ・平和・友情・友愛などで表される価値を企業イメージとして、観戦している世界中の人々に発信することができるということです。そのイメージが人々の脳裏にも刻みつけられていくのです。

　また、オリンピックスポンサーという権利は、世界における各種業界内でのトップレベルに位置するという証でもあります。そこからもブランドイメージを高めていくことができます。

②顧客とのつながり

　4年に一度のスポーツイベントを通じて、世界中の個人へ直接メッセージを

第8章　オリンピックとFIFAワールドカップ

届けられるのが、オリンピックのスポンサープログラムです。

③商品の展示場

　1950年代にアディダスが陸上選手にシューズを無償提供した話は前述しましたが、1974年FIFAワールドカップ西ドイツ大会でも、アディダスは西ドイツ代表チームにシューズを提供しました。ミュンヘンで行われた決勝という重要な場面でそのシューズが大活躍したことが（西ドイツが2回目の優勝）、テレビを通じて世界各国へ伝わりました。この事例が、もっともシンプルで、今も変わらないフレームワークとなっています。

　オリンピック会場の至る所で、公式スポンサーや開催国のスポンサー企業が自社の製品やサービスを展示し、実際に利用してもらい、その製品やサービスのよさを伝えます。さらには、商品開発のテストの場にすることも多々あるようです。

（4）プロの参加容認

　アマチュアスポーツの祭典として始まった近代オリンピックでしたが、そもそもジェントルマンのためのスポーツであり、プロというものを認めないアマチュアリズムを信奉する人たちのための大会という性質のものでした。

　そういう貴族や上流階級の価値観を引き継いで続いてきたオリンピックでしたが、1950年代、1960年代に入ると、主にソ連や東ドイツといった共産圏の国から、スポーツをするだけで生活をしている、でもプロではないという立場のアスリートが続々と現れます。今では国家ぐるみでドーピングをしていたことがわかっていますが、ともかくメダルを独占するようになりました。ステートアマと呼ばれる、共産圏ならではの実質プロアスリートの出現でした。

　ステートアマの登場で、アマチュアとプロの境界がだんだんと曖昧になっていきます。ちょうどそのタイミングのIOC会長に君臨していたのがサマランチでした。彼が会長に就任したのが、1980年。ここから、前節で述べたようなオリンピックの商業主義化とプロ化が促進されていくのです。

　それまでは近代オリンピックの当初の理念どおり、アマチュアリズムが固持

● 191 ●

されていました（代表的な人物が5代会長のブランデージ）。それがサマランチの代に変革されます。

　まず、1984年のロサンゼルス大会のサッカーにおいて、ワールドカップに出場したことのないプロ選手の出場が認められます。そして、トッププロの出場は1988年のソウル大会におけるテニスでした。続いて1992年バルセロナ大会において、NBAのトップ選手で固めた「ドリームチーム」が大変な話題となります。

　以降、プロとアマの垣根はさらに取り払われ、かなりの種類の競技でオリンピックが世界一を決める大会となったのは間違いないでしょう。

　ところで、サッカーについては、23歳以下がプロとしても参加できるとなったのが1992年のバルセロナ大会、オーバーエイジ枠を採り入れたのが1996年アトランタ大会です。IOCとFIFAの綱引きの結果ですが、23歳以下の世界一と、制限なしの世界一を決めるという棲み分けになっていると言えるでしょう。

第8章 オリンピックとFIFAワールドカップ

② 1964年 東京オリンピックを検証する

（1）競技環境の整備および強化

　東京オリンピック開催へ向けて、競技場等の施設の整備と、各競技の強化が図られました。整備された競技施設の主なものを以下に挙げます。

●国立競技場
　（国立霞ヶ丘陸上競技場、秩父宮ラグビー場、国立代々木競技場）
●日本武道館
●駒沢オリンピック公園
●岸記念体育会館
●織田フィールド（当時の選手練習場、現在は代々木公園陸上競技場）
●三ツ沢公園球技場
●選手村（アメリカ軍居住地域「ワシントンハイツ」跡地に建設）

　競技の強化については、例えば日本サッカー協会は、1960年にドイツ人のデットマール・クラマーというコーチを招聘します。日本サッカー界にとって初となる外国人コーチでした。

　クラマーはサッカー日本代表の基礎をつくり、日本サッカーリーグの創設にも尽力したことから「日本サッカーの父」とも称された人です。

　もちろん他の競技でもさまざまに強化策を打っていきます。大会を主催する以上は、みっともない成績は残せないということで、競技の強化、指導者の強化、選手の強化、チームの強化が図られました。

　この大会で日本のサッカーはアルゼンチンを破ってベスト8に入る活躍を見せ、次のメキシコ大会での銅メダル獲得につながりました。

　バレーボールでも、女子は金メダルを獲得。男子は銅メダルとなり、次のメキシコで銀メダル、さらにミュンヘンでの金メダルという活躍が続きます。

● 193 ●

サッカーやバレーボールの日本リーグが始まるのも、この大会の後でした。

1993年に開幕したJリーグの川淵初代チェアマンは、この時期日本代表選手として活躍していました。彼はドイツ遠征で体験したスポーツの環境をなんとか日本でも実現したいという思いを持ち、プロサッカーリーグの立ち上げとJリーグ百年構想へとつなげていきます。

また、民間のスポーツクラブ（セントラルスポーツクラブ）が1969年に設立され、スイミングスクールが子供たちの習い事として普及し始めました。

柔道についても、このオリンピックで初めて公式競技に加えられ、日本人が4階級（軽量級、中量級、重量級、無差別級）のうち3階級で金メダルを獲得します。無差別級で神永昭夫がアントン・ヘーシンクに敗れたことは日本中に衝撃を与えましたが、柔道が世界的に普及するきっかけとなったとも言われています。

なお、重量級で優勝した猪熊功は、柔道漫画「YAWARA！」に出てくる猪熊滋悟郎のモデルとされています。

オリンピックを招致し、開催することの意義にはいろいろあると思いますが、ハードとソフト両面においてスポーツの普及・発展に寄与してくれるものであるという点は、間違いのないところでしょう。

（2）インフラストラクチャ―の整備

東京オリンピックの開催は、スポーツ施設の充実だけではなく都市のインフラ整備も推進させました。整備された主な交通インフラを以下に挙げます。

- ●東海道新幹線の開業
- ●東京モノレールの開業
- ●東京国際空港（羽田空港）のターミナルビル増築・滑走路拡張
- ●首都高速道路・名神高速道路の整備
- ●環七通り・六本木通りの拡幅・整備

第8章 オリンピックとFIFAワールドカップ

　ほかにも、宿泊施設の整備の一環として、ニューオータニやオークラなどの
ホテルがつくられました。

　さらに、当時の東京は「東京ゴミ戦争」という言葉があるほどに、ゴミであ
ふれた都市だったので、東京都の主導でゴミ収集車が250台導入されるなどし
て、街の美化が推し進められたのです。

　東京オリンピックの開催と戦後の高度経済成長期が重なったことで、大きな
変化が1960年代には起こりました。三種の神器（白黒テレビ・洗濯機・冷蔵庫）
が家庭での当たり前の装備となり、新三種の神器（車・クーラー・カラーテレビ）
も普及し始め、交通インフラも整備されていきました。

　一方で、このような大規模なスポーツイベントを開催する上でのデメリット
も、以下に挙げるようになかったわけではありませんでした。

●東海道新幹線開通は、オリンピック開会式9日前の10月1日。開通を
　急いだこともあって、費用は当初の予算の2倍、約3800億円にも及ぶ。
　責任を取って十河信二は国鉄総裁を辞し、技師長だった島秀雄も辞職。
　2人は新幹線開業式に招待されることはなかった。

●高速道路が川や運河の上、海浜地域などにも通されるが、強固な地盤を
　つくって建設を可能にするため、埋め立てゴミやコンクリートが使用さ
　れた。これにより漁業活動は制限され、大森（東京都大田区）の有名な
　海苔養殖地は姿を消し、東京の河航水域は大幅に減少した。

●国立競技場付近に住む100世帯以上の住民が立ち退きを迫られた。

●「安価で遅れず快適に街を行き来する」路面電車の廃止に拍車をかけた。

●暴力団や政治家が関わることで不正入札や価格共謀が蔓延した。暴力団
　は、朝鮮半島などから安い労働力を調達し、臨時宿泊所や屋台、賭博場、
　売春宿を提供した。

　（以上、『オリンピック経済幻想論』アンドリュー・ジンバリスト著／ブッ
　クマン社より）

195

（3）2020年へ向けて考えておくべきこと

　では、2020年東京オリンピックの開催で、日本のスポーツ界にはどんなことが起きて、社会はどう変わるのでしょうか。

　発展途上期のオリンピックでは、インフラ整備や開発という意味でも貢献度は高かったでしょう。しかし昨今のオリンピックは、費用ばかりかかるという負の面が目立つ大会が多くなっています。

　日本においても同様で、1964年と2020年では、その置かれた状況は全く違います。1964年の検証からもわかるように、戦後間もない当時の日本にとって、オリンピックは光でした。しかし2020年ではどうでしょう。現在のところ、予定を大幅に超える費用がかかるとされています。そんな巨大なプロジェクトを、今の政治状況で果たしてマネジメントできるのでしょうか。

　開催都市と組織委員会と国とで費用分担がどうなっているのかという、根本的な話もあまり明確になっていません。経費が1兆8000億円、収入は多くても9000億円だろうという計算をしている専門家もいます。1兆円近くのマイナスになるということです。

　もちろん、実際にはインフラとして残るものもあるので、収支計算は難しいと思います。ですが、仮設でつくった施設は撤去しなくてはいけないので、その費用がかかります。さらに、国際的にテロの脅威が迫っている今、警備費が膨大になるおそれもあります。

　ジンバリストは、前出の『オリンピック経済幻想論』の中でオリンピック開催のリスクをいくつか挙げています。

●予算の超過
　　1960年以降のオリンピックはすべて予算超過
　　1976年以降の夏季オリンピックは、平均して252％の予算超過
●ホワイト・エレファント（無用の長物となったスポーツ施設）
　　大会のために建設されたが、大会後にその活用方法が見つけられず、無用の長物となっているスポーツ施設のこと
例）北京夏期五輪（2008年）　鳥の巣（2008年北京オリンピックメイン会場）

長野冬季五輪（1998 年）　5 施設
バルセロナ五輪（1992 年）　オリンピックスタジアム　　など

　オリンピックがもたらすかもしれない、こういった影の部分をクローズアップしておくことで、2020 年の東京オリンピックの開催に関して気をつけるべき注意点が見えてくるのではないでしょうか。

サッカー世界一を決める
ワールドカップ

(1) ワールドカップの軌跡

　19世紀、イングランドのパブリックスクールごとに独自のルールで行われていたフットボールでしたが、そのルールを統一しようと1986年に設立されたのがFootball Association(FA)です。サッカーとラグビーの線引きがなされ、その後の全国リーグやFAカップの開催へとつながっていきました。ルールの制定と、誰がそのルールを定めるかという点が重要でした。

　大英帝国の発展とともに、19世紀末頃からサッカーは国境を越えた人気スポーツとなり、国際試合も行われるようになります。そうなると国際的なルール統一の必要性が生じ、1904年の国際サッカー連盟(FIFA)設立へとつながっていきました。

　もともと、FIFAの目的の1つにはサッカー単独の世界選手権大会開催がありました。そして、その動きが出始めた時期にヨーロッパの情勢が不安定となり、第一次世界大戦が勃発(1914〜18年)し、せっかくの世界選手権構想も頓挫してしまいます。

　第一次大戦後、戦勝国の協会は敗戦国との試合を認めないことを決定します。しかしながら、この決定を守ったのは英国本土4協会だけでした。さらにアマチュアリズムにこだわるがゆえに選手への報酬に関して他国の協会と意見が合わず、本土4協会は1920年にFIFAを脱退します(復帰は1946年)。

　FIFAはオリンピックでのサッカー競技をアマチュアの世界選手権と認定していましたが、欧州だけではなく南米でも、プレーすることで経済的な対価を得る"プロフェッショナルプレーヤー"が事実上存在していました。したがって、プロを含めた「真の世界一を決める大会」の実現を企図することは自然な流れだったと言えるでしょう。

　1930年の第1回大会はウルグアイで開催されます。地区予選は行われず、全チームが招待されての参加でした(日本も招待されていたが昭和恐慌による

経済状況の悪化により辞退）。参加国は13（欧州からは4カ国）にとどまりましたが、なんとか成功を収めます。

記念すべき第1回大会は、さまざまな問題と議論を巻き起こしています。『ワールドカップの国際政治学』（松岡完著／朝日新聞社）では、次のようなことが述べられています。

「世界恐慌のさなか、ヨーロッパで始まったサッカーと国際サッカー連盟の記念すべき第1回大会が南米だという事への反感。渡航費（船で片道2週間という時間的なコストも含む）という逆風にもかかわらず、ウルグアイが建国100周年で、国を挙げて、お金をいくらでも投じて開催するという姿勢と、直近のオリンピックサッカー競技で優勝しているという強さを裏付けとしたサッカー大国としての地位が追い風になりました。」

その後のワールドカップの歴史を振り返ってみると、オリンピック同様に政治との絡みや行き過ぎた商業主義などの問題を抱えることになります（図表8-1）。

オリンピックと同様に、互いに国家を背負って戦うワールドカップは、代理戦争とみなされることも多々あります。過去をさかのぼってみても、戦争を有利に進める道具として使われたり、国内政治をまとめるために為政者に利用されたりもしてきました。

こういった政治利用は今後も考えられることなので、スポーツマーケティングを学ぶにあたっては十分に注意しておく必要があります。

図表8-1　サッカーの歴史

年代	事象・大会	主なエピソード	参加国数
1963年	Football Association 設立	サッカーという競技の誕生	
1870年	初の国際試合	イングランド vs スコットランド	
1871年	FA Cup	トーナメント方式のイギリス国内全国大会スタート	
1888年	Football League 創設		
	Footabll League スタート		
1904年	FIFA 設立		

年代	事象・大会	主なエピソード	参加国数
1930 年	第 1 回 FIFA World Cup ウルグアイ大会	建国 100 周年のウルグアイ	13 カ国
1934 年	第 2 回 FIFA World Cup イタリア大会ムッソリーニ政権によるファシストのための大会		16 カ国
1938 年	第 3 回 FIFA World Cup フランス大会	ナチス・ドイツが台頭し、併合したチェコスロバキアやオーストリアの選手を含めて代表チームを送り込む	16 カ国
1950 年	第 4 回 FIFA World Cup ブラジル大会	優勝を確信していたブラジル代表が決勝戦でウルグアイに敗れ、ショックにより 2 名が死亡する（マラカナンの悲劇）	13 カ国
1954 年	第 5 回 FIFA World Cup スイス大会	敗戦国西ドイツが、優勝候補のハンガリーに決勝で逆転勝利し、初優勝を果たす（ベルンの奇跡）。アディダスの革新的なスパイクの影響もあったとされる	16 カ国
1958 年	第 6 回 FIFA World Cup スウェーデン大会	ペレがデビューし、その大活躍によりブラジル初優勝	16 カ国
1962 年	第 7 回 FIFA World Cup チリ大会	ヨーロッパ vs 南米の激しすぎるラフプレーが横行。恥辱の大会となる	16 カ国
1966 年	第 8 回 FIFA World Cup イングランド大会	疑惑のゴールによる、サッカーの祖国イングランドの優勝（vs 西ドイツ）	16 カ国
1970 年	第 9 回 FIFA World Cup メキシコ大会	予選を戦う中、サッカーの国際試合をきっかけに戦争が勃発（エルサルバドル—ホンジュラス）	16 カ国
1974 年	第 10 回 FIFA World Cup 西ドイツ大会	ヨハン・クライフ率いるオランダ代表によるオレンジ旋風（トータルフットボール）	16 カ国
1978 年	第 11 回 FIFA World Cup アルゼンチン大会	軍事政権下での大会主催・運営で、アルゼンチン初優勝	16 カ国
1902 年	第 12 回 FIFA World Cup スペイン大会	マラドーナの国際舞台デビュー	24 カ国
1986 年	第 13 回 FIFA World Cup メキシコ大会	コロンビアが経済的な理由と国内事情（麻薬マフィア）により開催を断念。マラドーナの 5 人抜き・神の手ゴール	24 カ国

年代	事象・大会	主なエピソード	参加国数
1990 年	第 14 回 FIFA World Cup イタリア大会	フーリガン問題	24 ヵ国
1994 年	第 15 回 FIFA World Cup アメリカ大会	決勝戦が現地時間の 12 時 30 分、猛暑の中でキックオフ。メディアの功罪が問われる	24 ヵ国
1998 年	第 16 回 FIFA World Cup フランス大会	日本初出場	32 ヵ国
2002 年	第 17 回 FIFA World Cup 日韓大会	初のアジア開催・初の 2 ヵ国共催	32 ヵ国
2006 年	第 18 回 FIFA World Cup ドイツ大会	ジダン選手の頭突き	32 ヵ国
2010 年	第 19 回 FIFA World Cup 南アフリカ大会	初のアフリカ大陸開催	32 ヵ国
2014 年	第 20 回 FIFA World Cup ブラジル大会	初の連覇（スペイン代表）	32 ヵ国

（2）マーケティングの観点から見るワールドカップ

　サッカーという単独種目であるにもかかわらず、FIFA に加盟する国・地域の数は、国連加盟国や IOC 加盟国・地域と比べても多くなっています（FIFA加盟 211 の国・地域　2017 年現在）。2018 年ワールドカップ・ロシア大会は、その加盟国・地域がすべて参加する（開催国ロシアを除き、予選開始当時 208）という状況でもありました。

　チケット売上げや放映権料、スポンサーシップなどの収入を見てみると、2014年ワールドカップ・ブラジル大会は 57 億 1800 万ドル（2011 年〜14 年　図表 8-2）。2012 年のロンドンオリンピックが 80 億ドル（2009 年〜12 年）と言われていますので、収入額では及びませんが、オリンピックに限りなく迫る数字です。あるいは、大会規模や収支における黒字額などを考え合わせると、オリンピックをもしのぐビッグ・スポーツイベントと言っても過言ではないかもしれません。

　ワールドカップの商業化については、1974 年にジョアン・アベランジェが会長に就任して以降、顕著になっていきます。初の欧州出身以外の会長であるアベランジェ（ブラジル人）は、大会規模の拡大、各種世代への普及、未開の地だったアジア・アフリカへの普及などを推進し、サッカーを世界的なビッグ

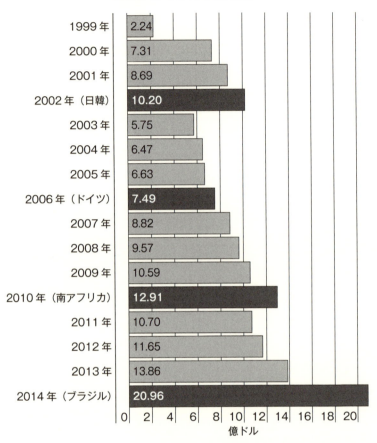

図表 8-2　FIFA の収入推移

参考資料：日経新聞「巨大スポーツ組織、FIFA の姿」

ビジネスへと進化させました。各種年代の世界大会や出場国枠を増やすことでサッカーのマーケットが広がり、そこに興味を持ち、うまみを感じるメディアや企業が資金を投じる仕組みが構築されていったのです。

もちろん、その 24 年にもわたる長期政権は独裁色を色濃くし、後の一連の汚職スキャンダルの温床となったことは否めません。しかしながら、ことスポーツビジネスのマーケティングに関して言えば、FIFA の成長過程をたどることでたくさんの学習ポイントが見えてくるはずです。

第8章　オリンピックとFIFAワールドカップ

アベランジェの改革

- ●開催国枠の増加（16から24へ　1982年から　現在は32カ国）
- ●アジア・アフリカでのワールドカップ開催（2002年日韓・2014年南アフリカ）
- ●ユースカテゴリーでの世界大会の実施
- ●スポンサーシップのパッケージング（4年間）

　アベランジェの商業化路線以降、FIFAの収入を支えるのはスポンサーシップと放映権料の2本柱に特化されていきます。

　スポンサーシップに関しては、世界的なスポーツ用品メーカー、アディダスとのパートナーシップによるマーケティング戦略も特筆しなければなりません。FIFAとアディダスは、グローバルな市場を対象にビジネスを展開していきました。

　例を挙げると、FIFAワールドカップで使用される公式試合球はアディダス

図表8-3　スポンサーシップ収入

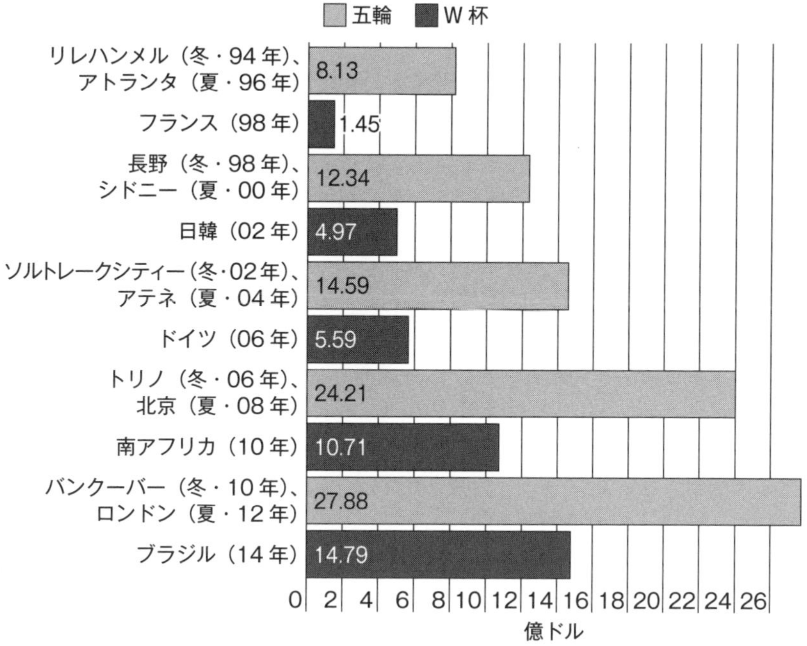

参考資料：日経新聞「巨大スポーツ組織、FIFAの姿」

203

製であり、4年に1度モデルチェンジされ、大会を通してプロモーションされています。

また、サッカー発展途上国には、グラスルーツプログラムと称して積極的にサッカー振興のための活動を展開しています。サッカーというスポーツを世界中に広める活動として、FIFAから無償で提供されるサッカー用品はすべてアディダス製です。

このように、サッカーの普及というFIFAの使命と、マーケティングというアディダスなどのメーカーの戦略が相まって、サッカー界が成長・発展してきたというのも事実なのです（図表8-3）。

メディアの発展に伴い、ワールドカップとメディアとの関係性も重要になり、巨大ビジネスとしてクローズアップされるようになりました。この傾向は、メディアが全世界に発信できるツールとして進歩してきたことと密接な関係にあります。

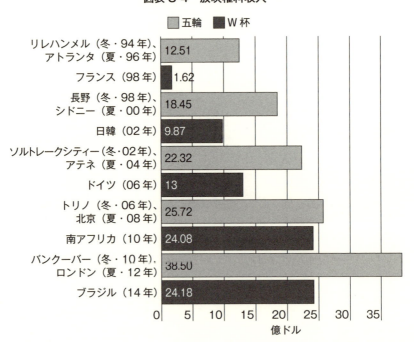

参考資料：日経新聞「巨大スポーツ組織、FIFAの姿」

オリンピックの場合は1984年ロサンゼルス大会を契機として、ワールドカップの場合は2002年日韓大会あたりから、放映権料が高騰し続けています。さらに図表8-4を見ると、放映権料においても、ワールドカップがオリンピックに迫ってきていることがわかります。

また、図表8-5を見ると、サッカー文化が草創期から根づいている欧州が高いのは当たり前として、アジア・アフリカで急激に伸びているのがわかります。その背景には、アベランジェ以降、FIFAがこうした地域を重視し資金援助をしてきたという経緯があります。しかし、後継者であるブラッター（在任1998～2015）ともども、アジア・アフリカに支持基盤を築くという狙い・計算があったのは言うまでもありません。

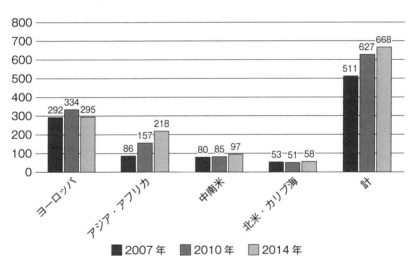

図表8-5　放映権収入拡大（単位：100万ドル）

参考資料：日経新聞「巨大スポーツ組織、FIFAの姿」

（3）ワールドカップの今後の動向

[国際的な視点]

ワールドカップは、2018年にはロシアで、2022年には中東のカタールで開催されることが決まっています。ロシアという国は、ソ連時代から常に国際政

治の舞台にスポーツ界を巻き込んできた国です。ドーピング問題も含めて、果たして無事に開催できるのか、世界中で注目されています。

　さらにサウジアラビアやエジプトなどの中東6カ国が、テロ組織を支援しているという理由でカタールと国交を断絶したと発表したため、安全に競技が開催できるかどうか危惧されています。もともと「暑すぎてサッカーには向いていない」と批判されていたこともあり、先行きは不透明なままです。

　しかし、今まで縁のなかったこれらの国々でワールドカップを開催することは、サッカーという競技が境界線を引かずに人々や国を結びつける力を持っていることを示すことにもつながります。もちろん、その国の発展にも寄与するでしょう。純粋に意義のあることだと信じ、さまざまな国での開催をサッカーファンとして楽しみたいものです。

サッカーというプレーの本質について

　サッカーのルールは、競技として誕生して後、時代とともに変更されてきました。

　オフサイドルールやキーパーへのバックパスなど、その時代に合わせて、競技者のためであり観客のためであり、時にはビジネスの観点で変更されたルールもあります。

　2017年現在では、90分という試合時間そのものの変更や、選手交代のルール、オフサイドの廃止、PKの方式を変更するといったさまざまな議論がなされています。

　また2026年大会から、ワールドカップの出場枠が48に増えます。現行では32カ国を4カ国×8グループに分けていますが、2026年大会からは3カ国×16グループによる1次リーグに変更し、決勝トーナメントには各グループ上位2カ国が進出し、32カ国によって争われるのではないか、と見込まれています。

　現行では決勝まで最大7試合（1次3試合＋決勝トーナメント4試合）でしたが、変更後も試合数は変わりません（1次2試合＋決勝トーナメント5試合）。ただし、ワールドカップ全体の試合数は「64」から「80」に増えるため、大会全体の収入は増えると予想されます。

　どのような変更にも得るものと失うものが必ずあるはずです。大事なのは「サッ

カーの本質」をしっかりと見極め、それにしたがって議論することだと思います。

コラム ～オリンピック、ワールドカップが大好きな日本人～

　日本の歴代視聴率ランキングを調べると、日本人の好みが見えてきます。歴代高視聴率番組には、NHKの連続ドラマ、紅白歌合戦、そしてスポーツ中継がズラリと並んでいるのです。

　しかも、スポーツに関しては、オリンピックやワールドカップなどの国際大会が主です。1960年代のプロレスやボクシングの試合の高視聴率については、テレビが普及し始めたばかりでチャンネル数も限られている中で、スポーツのライブがいかに人気番組だったかを物語っています。

　そのテレビの普及率やチャンネル数の増加という現象を鑑みると、1998年や2002年のワールドカップがどれほど多くの人々に視聴されたのかが、このランキングからも見えてきます。オリンピックではさまざまな競技で多くのアスリートやチームが活躍しますが、サッカーという1つの競技における世界大会では、そのチームだけに人々が注目することになります。あらためて、ワールドカップのコンテンツとしての魅力が理解できるのではないでしょうか。

　また、日本代表がこれほど人気なのは、日本人が"国"を感じる機会が減っている昨今だからではないかと私は考えています。国旗を見たり、国歌を全員で歌ったりという機会は、現代社会では少なくなっていますが、この4年に1回の機会では、誰に遠慮することなく皆で気持ちを1つにできる貴重な機会なのです。

　話はそれますが、甲子園の高校野球やJリーグの試合で、自分たちの出身地域のチームをつい応援したり、結果を追ったりしてしまうことはないでしょうか。おそらく誰もが経験があると思います。スポーツの価値は、まさにそこにあります。

　地域や国や人種の壁を超えつつ、しっかりと自分のアイデンティティ（国や地域）を感じ、それに触れることができる。スポーツ大会が盛り上がる理由はそんなところにもあるのです。

2002年 日韓ワールドカップを検証する

（1）日本サッカーの成長の陰にワールドカップあり

　2002年のワールドカップは大成功だったと言えるでしょう。日本がベスト16に入ったこともあって、収支としても大幅な黒字を計上できました。

　また、サッカーインフラを整えるという意味でも、プラスの面が多かったように思います。ハードの面ではワールドカップスタジアムが10基できましたし、そのほとんどが現在でも活用されています。

　ソフト面としては、ワールドカップ招致に向けて日本のサッカーが強化されたことが大きいでしょう。日本サッカー界の人々にとって、ワールドカップの出場と開催は悲願でした。そのためにはどうすべきか、というアプローチでプロ化が検討され始めたという経緯がありました。

　つまり、1993年のJリーグ開幕の大前提にはワールドカップ出場があったのです。そういう意味では、プロ化して、1998年フランスで始めて出場し、そしてホストになることができたというのは、できすぎなくらいのストーリーだったとも言えます。やはり初出場が開催国枠というのはみっともない、一度は自力で出場しておく必要があると、皆思っていましたから、きれいにステップを駆け上がることができた感があります。

　1998年フランス大会の初出場、2002年の自国開催を経て、日本サッカーはワールドカップの常連国として名を連ねることができるようになりました。また、世界中の多くのサッカーファンが、ワールドカップを契機に日本を訪れるようになりました。そのため、日本のサッカー環境について、ハードの充実だけではなくソフト（運営やお客様をもてなす姿勢）についても高いレベルにあることを知ってもらう、よい機会となったのです。

　Jリーグクラブも年々数を増やし、2017年時点ではJ1からJ3まで合わせて54クラブが日本全国に存在し、Jリーグ入りを目指すと旗を揚げているクラブ（百年構想クラブ）が6クラブあります。それ以外にも、Jリーグ入りを目指し

て活動を始めているクラブが多数存在しています。

　Jリーグというプロリーグとクラブが地域の人々にとっても身近な存在となり、年を追うごとに人々の生活に浸透してきていると言えるのではないでしょうか。

（2）日本サッカーの低迷期を支えたもの

　1968年のメキシコオリンピックで銅メダルを獲得し、世界を実感した当時の日本代表選手やスタッフ、そしてサッカー界の人たちは、ワールドカップへの出場や日本での開催という夢を持ち続けていました。しかし1970年代以降、代表チームの不振もあって日本のサッカーは不遇の時代を迎えます。正月に行われる天皇杯の決勝戦ですら閑古鳥が鳴いていることがあったのです。

　そんな時代にもかかわらず、世界のサッカーを紹介したりイベントを開催したりという地道な動きは続いていました。

　中でも、1968年から1988年まで放映された「三菱ダイヤモンド・サッカー」は、まさにテレビにかじりついて観るほどの魅力的な世界でした。放映されるワールドカップや欧州のリーグ戦は雲の上の存在でしかなかったけれども、いつかはそこでという夢を持たせてくれたのです。

　しかしその一方で、アジアで目の前に立ちはだかる韓国はすでにプロ化もしていましたし、ワールドカップにも何度も出場していました。特に1986年ワールドカップメキシコ大会最終予選では、韓国に2連敗して出場を逃すという屈辱を味わいます。そこでアマチュアリズムの限界を悟り、1991年には日本プロサッカーリーグの構想が発表され、1993年のJリーグ開幕へとつながっていきました。

　日本のサッカー界が現在に至るには、そういう雪辱の思いと、例えば1977年の「ペレ　サヨナラゲーム　イン　ジャパン」というペレの引退試合や、1981年から始まったトヨタカップというビッグゲームを日本で開催してきたことなども大きな影響を与えたと思います。日本人が世界のトップレベルのサッカーに触れる機会を得られたことが、サッカーに関わる人たちの夢と憧れを膨らませ、日本のサッカーを進化させる大きな要因になったのではないでしょうか。

さらに言えば、1983年にアニメ化された『キャプテン翼』の影響も忘れるわけにはいきません。いずれにせよ、1980年代はサッカーに対するいろいろな人のいろいろな思いがマグマのように滾っていた時代でした。そのマグマが噴出した結果が、Jリーグ開幕とワールドカップ初出場、そしてワールドカップ招致だったのです。

（3）Jリーグがこれから目指すもの

　前述しましたが、現在Jリーグクラブは日本全国に54あります。そしてプロサッカー選手（統一契約書を交わしている選手）の数は約1400人となっています。地域密着のJリーグ理念は、社会に浸透し、その価値は認められつつあります。

　しかし一方で、いまだ自立した経営ができていないクラブも存在するという現状もあります。親企業の補填やサポート、地域企業のスポンサーシップという名の下の資金提供があって、ようやく成り立っているというのが現実です。

　本当に日本サッカー界が地域でのシンボルとなり、アジアを代表するクラブがJリーグから生まれ、さらにワールドカップで優勝するような国になるためには、まだまだ課題が山積しているのです。

　その課題については、以下の3点からアプローチしていくべきでしょう。

　　◎ビジネス的な観点
　　　●マーケットの定義
　　　●クラブや組織のマネジメント
　　　●プロダクト（選手・チーム）の質
　　◎文化的な観点
　　　　これからの社会におけるサッカーの存在意義は、サッカーという枠にとらわれずに広くスポーツを通じて地域社会に貢献するJリーグクラブの存在をもって、それに代えていくべきだと思います。その点では、スタジアムを中心とした街づくりを手がけている地域が現れてきていることは素晴らしいことです。そういう取り組みを後追いするク

ラブが、さらにたくさん出てきてほしいと願っています。

◎国家的な観点

　日本のサッカーやスポーツの在り方、とりわけ地域との関わり方が、世界やアジアに対してもっと発信され、そして認められることが重要になってきます。欧州のビッグクラブのマネジメントは、その売上規模やマーケティングで注目されます。しかしそれとは全く違って、人々の生活や心にどのような豊かさをもたらしているのかという観点で評価されるようにシフトすべきです。それこそが、日本のサッカー界が世界に認められ尊敬される可能性のある道だと、私は確信しています。

あ と が き

　スポーツは私の人生に様々なすばらしい機会や思い出をもたらしてくれました。
　その中で最も鮮烈だったのは、1999年に浦和レッズがＪ２へ降格した日でした。クラブにとって最も悲しい日が、私にとっては最も感動し、浦和レッズの一生のファンになった瞬間でした。

　スポーツは、それがないと生きていけないようなものではありません。
　しかし、スポーツは、人々の生活や人生に様々な豊かさや幸せを与えてくれる存在です。そして、豊かさの価値が大きく変わってきている昨今、そして、今後、スポーツが社会で果たす役割は限りなく大きくなって行くと思われます。
　言葉を変えると、スポーツの市場が大きくなり、そこで活躍を期待される人材の数も増えていくということです。

　このテキストでは、スポーツが社会でどのような役割を担い、どのようにマネジメントされているかを概観しました。
　このテキストを手にとった方から、今後スポーツ界で活躍し、スポーツのすばらしさを世に広め、多くの人がスポーツを通じて幸せに豊かに人生を送る事に貢献できる人材が数多くでることを願ってやみません。

2017年8月

西野　努

索　引

◆あ行◆

アマチュアリズム　187
暗黙知　67
一業種一社　190
インカレ　138
大相撲　179
オールド・トラッフォード　111
オリンピック　9,31

◆か行◆

開放性　29
ガバナンス　48
カルチョ・スキャンダル　128
既存顧客　45
キャプテン翼　210
キャリア　132
キャリア開発　132
キャリア危機　147
キャリアサポートセンター　155
キャリアマネジメント　14
競合相手　46
クライマックスシリーズ　31
経営資源　43
経営戦略　40
形式知　67
継続学習　65
公益財団法人日本相撲協会　180
広告料収入　85
コーチング　77
顧客　44
顧客満足　37
国際オリンピック委員会　187
国際サッカー連盟　198

国民体育大会　114
コンフリクト　18,71

◆さ行◆

細分化　52
サッカーワールドカップ　4
サラリーキャップ　30,167
施設命名権　92,121
指定管理者　27
指定管理制度(地方自治法)　119
ジャイアントキリング　30
ジョアン・アベランジェ　201
湘南 BMW スタジアム平塚　107
消費者　44
ジョハリの窓　151
シングルエンティティ　30,168
吹田スタジアム　118
スカラーシップ制度　143
ステークホルダー　31
ステートアマ　191
スポーツ　2
スポーツ基本法制定　178
スポーツ産業　6
スポーツ信用銀行　129
スポーツ推薦制度　142
スポーツ庁　178
スポーツビジネス　6
スポーツ文化　37
スポーツマーケティングプラン　97
スポンサー企業　9
スポンサーシップ　25,85
相撲案内所　181
相撲茶屋　181

215

索引

贅沢税　　167
セカンドキャリア　　15,132
セカンドキャリア問題　　147
セグメンテーション　　52
設置管理許可制度(都市公園法)　　120
潜在顧客　　45
セントラルスポーツクラブ　　194
全日本高校サッカー選手権大会　　139
戦略的スポーツマーケティングプラン　　97
戦力均衡　　29,167
総理大臣杯　　138
ソシオ制度　　36
組織的知識創造理論　　67
組織文化　　18,68

◆た行◆

ダービーマッチ　　165
体育　　3
大日本東京野球倶楽部　　175
代理人　　14
高円宮杯全日本ユース(U-15・U-18)
　　サッカー選手権大会　　139
チームマネジメント　　17
仲介人　　14
チュウブ YAJIN スタジアム　　118
ティーチング　　77
適材適所　　64
デュアルキャリア　　132
特別指定選手　　139
年寄り　　180
トヨタカップ　　209
ドラフト制度　　29

◆な行◆

長野 U スタジアム　　118
日韓ワールドカップ　　32

日本シリーズ　　31
ニューヨーク・コスモス　　168
ネーミングライツ　　92,121

◆は行◆

パシフィックリーグマーケティング　　87
ピーター・ユベロス　　189
ビジネスマネジメント　　22
ビジョン　　34
人・モノ・カネ　　43
フィードバック　　64
福岡ソフトバンクホークス　　107
ブランド　　48,50
フリーエージェント　　29
プリンスリーグ　　139
プレーヤーマネジメント　　13
プレミアリーグ　　139
プロジェクトマネジメント　　31
プロモーションミックス　　100
プロ野球　　8
ボールパーク　　169
北米サッカーリーグ　　168
ポストシーズン制　　31
ホスピタリティシート　　107
ホワイト・エレファント　　196

◆ま行◆

マーケティング　　80
マーケティング(Of一般消費財)through
　　スポーツ　　102
マーケティング Of スポーツ　　102
マズロー　　148
マネジメント　　11
マンチェスターユナイテッド　　111
ミクニワールドスタジアム北九州　　118
モチベーション　　19,75

モチベーションマネジメント　65

◆や・ら・わ行◆

ユベントス FC　128
横浜 DeNA ベイスターズ　107
欲求5段階説　148
ラグジュアリー・タックス　167
リーグマネジメント　28
リーダーシップ　18,58
理念　34
ワールドカップ　9,31

◆英数字◆

B リーグ　39
Career Development　132
competitiveness　30
Competitor　46
Consumer　44
CS　37
Customer Satisfaction　37
FC バルセロナ　36

FIFA　12,31
IOC　187
J リーグ　12
J リーグ版よのなか科　155
J リーグ百年構想　38
KFS(Key Factor of Success)　47
PDCA サイクル　23
PFI 方式(PFI 法)　119
PFI 方式(コンセッション)
　(改正 PFI 法)　120
Physical Education　4
Positioning　101
Promotion　101
Rugby Football Union　163
Segmentation　100
Sportfive　129
Targeting　100
The Football Association(FA)　162
VIK(Value In Kind)　86
2 種登録　139
2 大収入　83
3 つの S　10

■ 著書略歴 ■

西野　努 (にしの つとむ)

1971 年生まれ。奈良県出身。

浦和レッドダイヤモンズで 9 シーズンプレーし、その後、英国リバプール大学でサッカー産業 MBA 取得。

株式会社オプト・スポーツ・インターナショナルを設立し、スポーツビジネスに携わる一方で産業能率大学客員教授として教職にも携わる。

2016 年より同大学情報マネジメント学部教授。

主な著書に、「なぜ浦和レッズだけが世界に認められるのか（東邦出版）」、「プロスポーツ・ビジネス羅針盤（税経出版）」がある。

プロリーグとスポーツイベントで学ぶ
スポーツマネジメント入門　　　　　　　　　　　　　　　　〈検印廃止〉

著　者	西野　努
発行者	坂本清隆
発行所	産業能率大学出版部
	東京都世田谷区等々力 6 - 39 - 15　〒 158 - 8630
	（電話）03（6432）2536
	（FAX）03（6432）2537
	（振替口座）00100 - 2 - 112912

2017 年 9 月 30 日　初版 1 刷発行
2021 年 5 月 20 日　　　2 刷発行

印刷所・制本所　渡辺印刷

（落丁・乱丁はお取り替えいたします）　　　　　　　　ISBN 978 - 4 - 382 - 05749 - 4